Hans-Joachim Jung

Panzerregiment Großdeutschland im Einsatz

Der Eliteverband der deutschen Panzerwaffe

ADORIA

ADORIA-VERLAG
04703 Naunhof

WWW.ADORIA-VERLAG.DE

ISBN 978-3-944951-23-2

Inhaltsverzeichnis

Vorwort

Die Geschichte des Panzerregiments »Großdeutschland« ist eingebettet in den größeren Rahmen der Panzergrenadierdivision und des Panzerkorps »Großdeutschland«. In ihr wird durch einen Zeitzeugen, Mitkämpfer, unter anderem als Kompaniechef in der II. Abteilung (Panzer IV), der Versuch gemacht, die militärischen Leistungen der Soldaten und Führer dieses Elite-Panzerverbandes darzustellen, zu würdigen und der Nachwelt und Historie zu erhalten.

Die Panzerabteilung »Großdeutschland« und später das mit einer Tiger-Abteilung, einer Panther-Abteilung und einer Panzer IV-Abteilung stärkste Panzerregiment der Wehrmacht, kämpfte an allen Brennpunkten der Ostfront in Angriff und Verteidigung stets erfolgreich auch in schwierigsten Lagen. Disziplin, Kameradschaft, Standfestigkeit und Vertrauen sowie zupackende, kühne Führungskunst auch unter zunehmendem Mangel an Kampfmitteln, völliger Luftüberlegenheit des Feindes und ständig wachsender feindlicher Übermacht waren die Grundlagen und Voraussetzungen für die hohe Leistungsfähigkeit aller Soldaten. Selbstloser Einsatz, Treue und Opfermut von Soldaten und Offizieren, auch noch zu einem Zeitpunkt, zu dem keine Hoffnung mehr auf Sieg bestand, sind Zeugnis für ritterliches, zeitloses Soldatentum. Bei feindlicher Überlegenheit von 1:4 wurde oft noch angegriffen, beim Verhältnis 1:8 bis 1:10 vielfach erfolgreich verteidigt. Die bewegliche Führung der Panzer im Gefecht der verbundenen Waffen der Division kennzeichnete die beispielhafte Führung, aber auch die tapfere Pflichterfüllung aller Kämpfer. Das ehrende Andenken der gefallenen Kameraden und die außergewöhnlichen militärischen Leistungen aller Mitkämpfer, die getreu dem Wahlspruch »Gott, Ehre, Vaterland« ihr Leben einsetzten, bleiben unvergessen.

Zu danken ist dem verstorbenen Kameraden Helmuth Spaeter, dem verdienstvollen Chronisten des Panzerkorps »Großdeutschland«, der mit Rat und Tat und dem »Großdeutschland«-Archiv half. Er genehmigte auch die Übernahme von Daten, Berichten, Skizzen usw. aus den »Großdeutschland«-Büchern.

Weiterhin ist Dank abzustatten den Kameraden Hessberger, Dr. Vogelsang, Harms, Boche und Prien, sowie den Herren W. Schneider, J. Wilhelm und G. Rohrbach für die Unterstützung mit Fotos und sachbezogenem Informationsmaterial.

Hans-Joachim Jung

Aufstellung und Auftrag, Kämpfe 1940-42

Die »Wachtruppe des Heeres«, das spätere »Wachregiment Berlin« (ab 01.09.1934), wurde 1939 auf Befehl des Oberbefehlshabers des Heeres vom 06.04.1939 und Kraft Heeres-Verordnungsblatt vom 12.06.1939 in das Infanterieregiment (mot) »Großdeutschland« umbenannt. Als Kerntruppe des Deutschen Heeres mit den besten Soldaten aller deutschen Länder und besonders ausgesuchten, gut ausgebildeten Männern aus allen bestehenden Regimentern sollte das Infanterieregiment »Großdeutschland« ein Vorbild für Treue, Tapferkeit, Disziplin und Standhaftigkeit sein. Mit dieser Verpflichtung sollte es eine Schule für den Unterführernachwuchs des Heeres bilden. Für diese Aufgabe waren Freiwillige aus allen deutschen Ländern und Städten vorzusehen. Der Ärmelstreifen, im Gegensatz zu den SS-Verbänden am rechten Unterarm getragen, ist Ausweis für besondere Leistung und Einsatz. Die Soldaten kämpften und fielen im Glauben an ihre Aufgabe getreu dem Wahlspruch »Gott, Ehre, Vaterland«.

Aus Einheiten des Wachregiments Berlin, dem Infanterie-Lehrregiment, Döberitz, und dem II. Infanterieregiment 92 (mot) wurden vier Bataillone zusammengeführt. Als erste Namenseinheit des Heeres besteht das Regiment bis Jahresende 1940 aus 20 Kompanien. Ohne Teilnahme am Polenfeldzug – zwar vorgesehen als Luftlandeverband – tritt das Regiment an der Spitze der Panzergruppe von Kleist innerhalb des XIX.A.K.,Guderian, am 10.05.1940 zum Westfeldzug an. Der Stahlhelm wird das Verbandsabzeichen an den Fahrzeugen. In wechselnden Unterstellungen kämpft das Regiment bei SEDAN (MAAS-Übergang), STONNE (angriffsweiser Flankenschutz der vorstoßenden Panzerdivisionen), bei DÜNKIRCHEN, beim Durchbruch der Weygand-Linie bis zur Einnahme von LYON. Im Balkanfeldzug 1941 besetzen Teile des Regiments Belgrad und setzen dort den späteren als Soldatensender Belgrad berühmt gewordenen Sender Belgrad in Betrieb (Lili-Marleen). Beim Unternehmen »Barbarossa« führt der Ostfeldzug diese Eliteeinheit – immer verschiedenen Panzerdivisionen im Rahmen der »Panzergruppe Guderian« unterstellt – über SLONIM, MINSK, BORISOW, ORSHA und

SMOLENSK zunächst bis JELNA. Die Kesselschlacht von KIEW ist durch die Gefechte bei KONOTOP, PUTIWL und ROMNY gekennzeichnet. Der Angriff auf MOSKAU sieht das Regiment bei OREL, im Angriff auf TULA und beim Versuch, TULA durch ostwärtige Umfassung von Norden her zu nehmen. Die Winterschlacht (am 06.12.1941, -40°C) übersteht das Regiment nach härtesten und schwierigsten Rückzugskämpfen im Raum OREL. Nach hohen Verlusten werden die noch verbliebenen zwei Grenadierbataillone zu einem Bataillon zusammengelegt.

Wachablösung vor der Reichskanzlei, Berlin 1937, durch Wachbataillon.

Flammpanzer Abteilung 100 »Panzer nach vorn«, Juni/Juli 1941.

Flammpanzer Abteilung 100, Juli 1941.

Flammpanzer Abteilung 100, Behelfsbrücke bei BORISOW, 2.7.1941.

Panzer durchwaten den Südost-Fluß, Juli 1941.

Panzerabteilung »Großdeutschland«, Vormarsch auf WORONESCH, Juli 1942.

Flammpanzer Abteilung 100, Panzer III mit 5 cm KWK, Juli 1941.

Die Panzerabteilung »Großdeutschland«

Ab 01.04.1942 erfolgt die Umgliederung und Auffrischung des Regiments zur Infanteriedivision (mot) »Großdeutschland«. Gleichzeitig damit entsteht als erster Panzerverband die »Panzer-Abteilung Großdeutschland«, die aus der I. Abteilung Panzerregiment 100 (aus Panzerregiment 1, Erfurt, RR 12), ausgerüstet mit Flammpanzern, hervorging. Die Abteilung wird mit Panzer III und Panzer IV 7,5 cm kurz oder Panzer IV 7,5 cm lang L 43, je Kampfkompanie 14 Kampfpanzer, je Zug vier, ein Kompaniechef, ein Kompanietruppführer, dazu noch drei Kampfpanzer für die Abteilung Führung ausgestattet. Die Panzer III-Züge besaßen fünf Kampfpanzer. Die Abteilung verfügte über einen Flammzug und hatte anfänglich einen leichten Zug für Aufklärung und Erkundung mit Panzer II ausgerüstet. Die Aufstellung erfolgt in Erfurt. Im Mai 1942 tritt die Abteilung zu ihrer neuen Division, nachdem sie 1941 als I. Flammpanzerabteilung 100 schon mehrfach das Infanterieregiment »Großdeutschland« begleitete.

Die damalige Stellenbesetzung:

Kommandeur:	Hauptmann Pössl
Adjutant:	Oberleutnant Bergsträsser Oberleutnant von Brockhusen
Ordonnanzoffizier:	Oberleutnant Kramer
Verpflegungsoffizer:	Leutnant Müller, Oberfeldwebel Stephanski
IV a:	Oberzahlmeister Petznik
IV b:	Stabsarzt Dr. Freise Assistenzarzt Dr. Danner
VK:	Major (Ing) von Heising Inspektor (K) Wilhelm Heinemann Oberfeuerwerker May
Stabskompaniechef:	Hauptmann Gergasewicz Oberleutnant Kuchenbecker

Nachrichtenzug:	Oberleutnant Zieger
Pionierzug:	Leutnant Plön
Erkundungszug:	Kranz
Hauptfeldwebel:	Bamberger
Rechnungsführer:	Oberfeldwebel Riggers Unteroffizier Vitus Drechsler
Oberschirrmeister:	Winkler

1. (Panzer-)Kompanie:	Hauptmann Heineke
Zugführer:	Oberleutnant Hoppe Leutnant Ringe Leutnant Bornscheuer
Hauptfeldwebel	Held
Rechnungsführer:	Oberfeldwebel Linke

2. (Panzer-)Kompanie:	Oberleutnant Perner
Zugführer:	Leutnant Schweiger Leutnant Orth
Hauptfeldwebel:	Lupschitz
Rechnungsführer:	Oberfeldwebel Hobert Unteroffizier Hantusch

3. (Panzer-)Kompanie:	Hauptmann Schmidt, Hermann
Zugführer:	Oberleutnant Rothe Oberleutnant Sachse

Werkstattzug:	Hauptmann Piccard
Werkmeister:	Finger
Hauptfeldwebel:	Rothenberg
Rechnungsführer:	Unteroffizier Kaiser

Leichte Kolonne

Führer:	Oberleutnant Schulte-Günne
Hauptfeldwebel:	Oberfeldwebel Schindler
Rechnungsführer:	Unteroffizier Mai

Die Leichte Kolonne tritt bald zu den Divisionsversorgungstruppen.

Gleichzeitig entsteht als weiterer gepanzerter Verband die Sturmgeschütz-Abteilung »Großdeutschland« aus der 16. (Sturmgeschütz-)Kompanie des Infanterieregiments »Großdeutschland« und Teilen der Sturmgeschütz-Abteilung 192 mit 21 Sturmgeschützen 7,5 cm lang.

Lauerstellung nach Panzergefecht, Panzerabteilung »Großdeutschland«, Juli 1942.

Die Sommeroffensive 1942

Das Ziel der Sommeroffensive ist sowohl das Gewinnen der Erdölvorkommen am Kaukasus als auch der landwirtschaftlich reichen Gebiete der Ostukraine. Voraussetzung für den Erfolg der Gesamtplanung ist jedoch die Vernichtung erheblicher Teile der Sowjetarmeen. Die Infanteriedivision (mot) »Großdeutschland« wird hierzu am linken Flügel der Gesamtoperation im Rahmen des XXXXVIII. Panzerkorps, General Kempf, zusammen mit der 9. Panzerdivision und der 24. Panzerdivision eingesetzt. Nach dem Durchbrechen der feindlichen Stellungen sollen die Übergänge über den DON bei WORONESCH möglichst unversehrt gewonnen werden, um den nachfolgenden Infanteriedivisionen den Brückenkopf zur Verfolgung des geschlagenen Gegners freizuhalten.

Nach Bereitstellung im Raum OREL, norwestlich FATESCH, tritt die Division am 28.04. zum Angriff an. Durch Zufallstreffer einer langsam fliegenden »Nähmaschine« – eines Nachtbombers – wird im Bereitstellungsraum das Tanklager der Panzerabteilung »Großdeutschland« getroffen und vernichtet, was aber keinerlei Einfluß auf den Angriff hat. Die Panzer der Abteilung sollen erst nach Durchbrechen der Infanteriestellungen antreten, während die Sturmgeschütze den Infanteriezug unterstützen. Gegen schwachen Widerstand gewinnt der Angriff schnell Raum. Nach Wegnahme der TIM-Eisenbahn-Brücke bei SWOBODA-POSHIDAJEWKA stoßen die Panzer der Abteilung zusammen mit den Kradschützen Richtung NIKOLAJEWKA am KSCHEN vor, um dort in überholender Verfolgung Brückenköpfe zu bilden. Da die Brücke zerstört ist, wird unter Feuerschutz der Panzer der Übergang infanteristisch erzwungen. Es wird sofort eine neue Brücke durch Pioniere gebaut. Der weitere Vorstoß gewinnt trotz widriger Wetter- und Wegeverhältnisse (Regen, unpassierbare Wege, gesprengte Brücken) weiter nach Osten Raum. Die Panzerabteilung »Großdeutschland« unter Hauptmann Pössl stößt ungestüm vor, die ersten auftauchenden T 34 der Sowjets werden

---

Links: Panzer IV der Panzerabteilung »Großdeutschland« in der Steppe, Juli 1942.

abgeschossen bzw. flüchten. Der Feind setzt seine Reserven ein, die zerschlagen werden. Die Panzer und Kradschützen gewinnen GOLOGULOWKA und erreichen die Bahnlinie bei KRASNOJE-OLYM. Dort wieder ein erfolgreiches Gefecht mit T 34, so daß insgesamt 16 T 34 vernichtet wurden. Weiter geht's mit Ziel DON. Die Eisenbahnbrücke am DON muß genommen werden. DEWIZA wird durch die Panzerabteilung zusammen mit den Kradschützen erreicht. Die Brücke liegt in greifbarer Nähe, wird aber offensichtlich stark verteidigt. Ein vorher niedergekämpfter Panzerzug rollt brennend auf die Brücke zu, setzt sie in Brand, so daß diese ausglüht. Zur gleichen Zeit gelingt die Wegnahme der Straßenbrücke über den DON bei SSEMILUKI durch die 7. Kompanie Infanterieregiment 1 unter Oberleutnant Blumenthal, der dafür das Ritterkreuz erhält. Die Brückenköpfe über den DON sowohl an der Eisenbahnbrücke als auch an der Straßenbrücke werden besetzt und ausgeweitet. Bisher sind im Angriff 300 km zurückgelegt und ca. 200 Kampfpanzer abgeschossen worden. Unverzüglich gehen die Regimenter und Abteilungen der Division über den Fluß, nehmen im Vorausangriff den Ort PODKLETNOJE und stoßen sogar mit starker Aufklärung bis zum Bahnhof WORONESCH durch. Am 07.07.1942 wird der Ort gänzlich eingenommen. »Großdeutschland« erhält nun direkt aus dem Führerhauptquartier den Befehl und Auftrag, den Unterlauf des DON ostwärts ROSTOW zu gewinnen. Teile der Division verbleiben kurzfristig bei WORONESH, jedoch tritt das Gros der Division und der Panzerabteilung, die 42 Kampfpanzer einsatzbereit hat, Richtung OLJCHOWATKA an, um feindlichen Verbänden die Rückzugswege abzuschneiden und sie zu vernichten. Am ersten Tag werden 108 km zurückgelegt, auch nachts marschiert. Trotz Betriebsstoffmangels und Luftversorgung wird am 17.07. KONSTANTINOWSKOJE-TAZINSKAJA erreicht und am DON Übergänge gewonnen. Die Gruppe Pössl, Panzerabteilung »Großdeutschland«, stößt bis 35 km südlich TAZINSKAJA vor. Regen und schlechte Wegeverhältnisse sind kein Hindernis. Am 19.07. erfolgt ein Panzerangriff auf KONSTANTINOWSKOJE, der abgewiesen wird. Im Gegenangriff der Gruppe Pössl flüchtet der Feind nach Süden. SCHACHTY wird am 19.07. erreicht. 53°C Hitze sind zu ertragen. Weiteren Vorstoß verhindert Betriebsstoffmangel am 20./21.07. JU 52 versorgen aus der Luft die Panzer, danach wird Richtung unterer DON abgedreht. Kleine Brückenköpfe über den DON bei MELICHOWSKAJA werden erkämpft. Nach Brückenschlag über den DON bleibt am 25.07. die Panzerabteilung im Angriff. Die Brücke über den SZUMAT-Fluß ist zerstört, aber die Abteilung durchfurtet den Fluß, greift auf KALININ an, wo der Feind flieht. Am 26.07. nimmt Pössl KARPOWKA, und am 27.07. erreicht die Division den MANYTSCH, wo ein Dammbruch das Wasser des Flusses steigen läßt. Am 01.08. wird der MANYTSCH überschritten. Jetzt wird die Division zur Verfügung des Oberkommandos Heer im Raum SCHACHTY befohlen und ab 11.08. in STALINO mit unbekanntem Zeil verladen, nach Frankreich, wie Parolen glaubhaft machen. Vorher konnte die Panzerabteilung kurz ab 27.07. bis Anfang August auffrischen, instand setzen und zusammenfinden. Die fast fünf Wochen dauernden Kämpfe brachten zwar Abschüsse zahlreicher Panzer und Vernichtung bzw. Erbeutung vieler Geschütze und anderen Materials, weniger jedoch Gefangene im Gegensatz zum Jahr 1941. Das bedeutet, daß Kesselschlachten größeren Ausmaßes, die den Gegner entscheidend schwächen, fehlen. Er konnte mit seinen Großverbänden weitgehend ausweichen. Die weit auseinanderstrebende strategische Zielsetzung – untere WOLGA-KAUKASUS – überforderte die Kraft des deutschen Heeres und dessen Versorgung.

Grenadiere beim Übergang über einen Ostfluß, 1942. Panzer IV sichert die Brücke.

Panzerbereitstellung. Panzerabteilung »Großdeutschland«, Sommer 1942.

Verfolgung und Umfassung zum MANYTSCH.
Panzerabteilung »Großdeutschland« 1942.

Panzer der Panzerabteilung »Großdeutschland« im Angriff, Juli 1942.

Generalleutnant Hörnlein, »PAPA HÖRNLEIN«, Kommandeur Panzergrenadierdivision »Großdeutschland«.

Generalleutnant Hörnlein, Kommandeur Panzergrenadierdivision »Großdeutschland«, mit I a, Oberstleutnant i.G. Oldwig v. Natzmer.

Panzer rollen nach vorn.

»Auf der Rollbahn«, Panzer der Panzerabteilung »Großdeutschland« auf dem Vormarsch.

Sturmgeschütze III der Sturmgeschützabteilung »Großdeutschland«, Juli 1942 in der Steppe.

Kämpfe im Raum Rshew 1942

Das Bollwerk RSHEW, ein im Winter 1941/42 entstandener Frontbogen, möglicher Ausgangspunkt für einen Angriff auf MOSKAU, wird seit Mitte Juli 1942 von starken sowjetischen Kräften angegriffen. Anfang August entsteht dort eine Krise. Ein Durchbruch droht. Zwei starke Stoßarmeen mit entsprechender Artillerie-Unterstützung sowie eine dritte Armee greifen beiderseits RSHEW an. Deshalb werden mehrere Panzer- und Infanteriedivisionen zur Unterstützung der eigenen Kräfte in den bedrohten Raum geworfen. Die Division »Großdeutschland« versammelt zunächst nach dem Ausladen bei SMOLENSK, um für einen Angriff auf BELYI bereitzustehen. Beim erneuten Durchbruchsversuch der Sowjets am 09.09.1942 wird die Division alarmiert, um dem Feindangriff in die Flanke zu stoßen. Durch die vorherigen Kämpfe ist das Gelände von Granaten zerpflügt, minenverseucht, Ortschaften weitgehend zerstört und kaum passierbar. Trotzdem greift die Division geschlossen an und wird sofort durch schwerstes, genau gezieltes Artillerie-,Granatwerfer-,Werfer-Feuer empfangen. Dazu greifen russische Schlacht- und Bombenflieger an. Der Angriff geht vorwärts, aber unter hohen Verlusten durch feindliche Gegenangriffe, insbesondere mit Panzerunterstützung. Dabei gerät die Panzerabteilung in überfallartiges, offenbar vorbereitetes Artilleriefeuer und hat dadurch hohe Verluste. Minen halten auf. Sumpfstellen zwingen zur Massierung, dazu ist das Gelände wegen der Zerstörungen kaum durchfahrbar. Von 38 bei der Panzerabteilung »Großdeutschland« eingesetzten Panzern fallen 28 aus! Die nicht allzu starke feindliche Stellungsinfanterie wird durch schwerstes Artillerie- und Werferfeuer unterstützt, das zudem treffsicher ist. Der Angriff muß eingestellt werden, weil ein Vorwärtskommen in dem schweren Feindfeuer zu große Verluste bringen würde. Am nächsten Tag, dem 11.09.1942, kann die Panzerabteilung trotz stärkstem Artillerie- und Abwehrfeuer die Höhen westlich TSCHERMASSOWO erreichen und halten. Am Abend sind nur noch vier Panzer einsatzbereit. Die nächsten Tage sind durch stärkstes feindliches Artilleriefeuer und dauernde wütende Gegenangriffe, insbesondere mit Panzern, gekennzeichnet. Die Panzerabteilung wird für evtl. nötige Gegenstöße bereitgehalten. Am

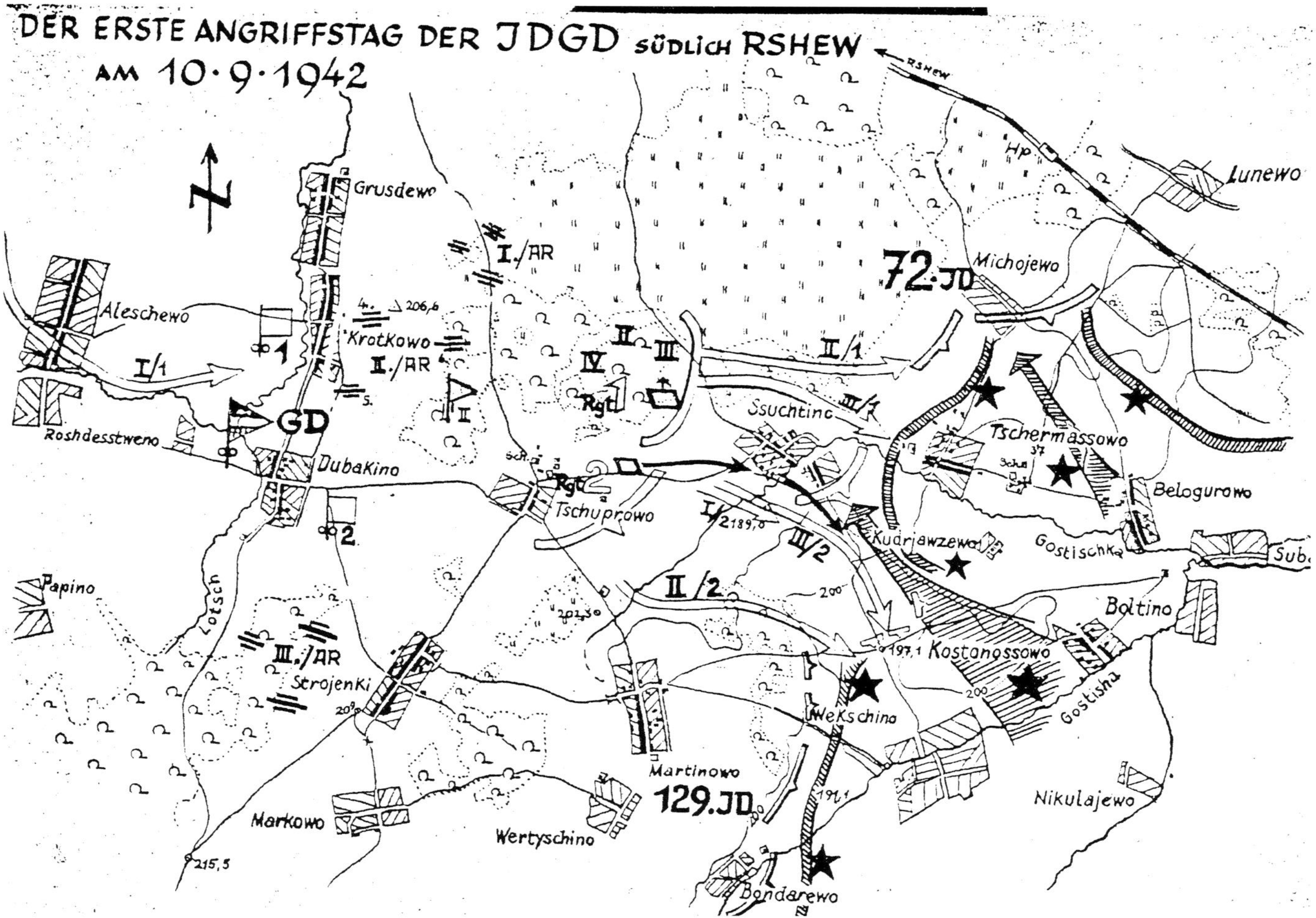
DER ERSTE ANGRIFFSTAG DER JDGD SÜDLICH RSHEW
AM 10·9·1942
RSHEW
Lunewo
Hp
Michojewo
72. JD
Grusdewo
I./AR
Aleschewo
Krotkowo
206,6
II./AR
I/1
II/1
III/1
GD
Rgt
Roshdesstweno
Dubakino
Ssuchtino
Tschermassowo
Belogurowo
Tschuprowo
I/2
189,0
III/2
Kudrjawzewo
Gostischka
Sub
Papino
Lotsch
II/2
200
Boltino
III./AR
Strojenki
197,1
Kostonossowo
Gostisha
Wekschino
Martinowo
129. JD
191,1
Nikulajewo
Markowo
Wertyschino
215,5
Bondarewo

26.09. wird eine Kompanie der 6. Infanteriedivision bei RSHEW unterstellt. Noch hält die Division ihre Stellungen. Am 30.09. wird gegen die stärksten Bedenken der Division noch das Unternehmen »Herbstwind« durchgeführt, das mit Unterstützung der Panzerabteilung erfolgt, wobei die Panzer die Infanterie vorreißen und den Einbruch und Erfolg ermöglichen. Die hohe Moral aller Panzersoldaten wird dabei erneut bewiesen. Der den Angriff vom Panzer aus führende Regimentskommandeur des Infanterieregiments 2, Oberst Garski, fällt dabei. Am 03.10. werden die beiden Infanterieregimenter in »Grenadierregiment« (1) und »Füsilierregiment« (2) umbenannt, und am 06.10. beginnt das Herauslösen der Division in den Raum OLENIN westlich RSHEW. Man betreibt die Planung »NORDPOL«, die einen Stoß nach Westen aus dem Frontbogen von RSHEW und einen entsprechenden Stoß von West nach Ost entgegen vorsieht, um starke Teile des Gegners einzukesseln und zu vernichten. Im November 1942 nach Kälteeinbruch mit gefrorenem Boden beginnen dann die sowjetischen Großangriffe auf breiter Front, insbesondere im westlichen Teil des Frontbogens von RSHEW. Unglücklicherweise wird die Division »Großdeutschland« in Kampfgruppen auf andere Divisionen in 110 km Breite aufgeteilt. Die Panzerabteilung muß die 1. Kompanie auflösen, während die 2. Kompanie zur 206. Infanteriedivision und die 3. Kompanie zur 14. Infanteriedivision (mot) tritt. Am 26.11. kämpfen Teile der Panzerabteilung beim Grenadierregiment bei SCHARKY. Am 27.11. fällt beim Angriff auf WANINO-MOTUWO Oberleutnant Ringe, der Kompaniechef der Panzerkompanie, vier Panzer werden abgeschossen, alle anderen fallen aus. Am 29.11. erfolgt der Großangriff im LUTSCHESSA-TAL bei STRAUCHI, dort werden 25 T 34 abgeschossen. Die Panzerabteilung kämpft erfolgreich bei URDOM und SAYZEWO, sieben T 34 und ein KW 2 vernichtet. Am 30.11. schießt die Panzerabteilung mit Flakkampftrupps bei nur geringen Verlusten 22 T 34 und zwei T 26 ab. Am 03.12. werden bei einem Gegenangriff bei WERFISTA acht Feindpanzer durch die wenigen noch einsatzbereiten Panzer der Abteilung vernichtet. Die Durchbruchsangriffe der 1. Sowjetischen Panzerarmee im LUTSCHESSA-TAL führen zu den schwersten und verlustreichsten Kämpfen der Division »Großdeutschland«. Trotzdem wurde das Verteidigungsgefecht letztlich erfolgreich geführt und der überstarke, besonders an Panzern überlegene Gegner in zwei Kesseln zerschlagen. Bei nur 50m Sicht und dichtem Nebel kämpfen Panzer der Abteilung bei BELIKOWO und KORONINO; eine feindliche Brückenstellung wird durch das Füsilierregiment mit Panzerunterstützung genommen und zusammen mit dem II. Grenadierregiment Säuberungsunternehmen fortgeführt. Noch an Silvester 1942 unterstützen Panzer das Angriffsunternehmen »Fuchsjagd« auf den sogenannten »Taillenwald«. Nachdem die Abteilung zahlreiche Gegenangriffe und erfolgreiche Verteidigungsgefechte gegen vielfach überlegene Feindkräfte unter schwierigsten Witterungs- und Geländeverhältnissen geführt hat, stabilisiert sich die Lage im Raum RSHEW.

Panzer III der Panzerabteilung »Großdeutschland« mit behelfsmäßiger Tarnung. Dezember 1942.

Leutnant Ballauf und Oberst Garski bei Rshew im August 1942.

Kämpfe nordostwärts BJELGOROD 5./FBB, Januar 1943.

Feuerwehr im Raum Oskol, Bjelgorod, Charkow 1943

Nach diesen Kämpfen wird die Division herausgelöst, zusammengeführt und als Feuerwehr der Ostfront bis 23.01.1943 in den Raum BJELGOROD-CHARKOW verlegt. Dort kämpfen sich Teile deutscher Divisionen der DON-Front nach Zusammenbruch der ungarischen und italienischen Divisionen am DON als wandernde Kessel durch angreifende panzerstarke Russenverbände nach Westen durch. Bis 12.02. halten Verzögerungsgefechte und Einsätze nordwärts BJELGOROD, am Fluß OSKOL und bei WOLTSCHANSK an. Die dort eingesetzte »Führerbegleitbrigade« wird der Division unterstellt, die vorhandenen Panzer in die Panzerabteilung »Großdeutschland« eingegliedert. Am 11.02. sind sechs Panzer IV, acht Panzer III = 14 Panzer einsatzbereit, am 13.02. noch sieben Panzer IV und drei Panzer III. Am 15./16.02. wird CHARKOW nach und nach unter beweglicher Gefechtsführung geräumt und Richtung POLTAWA ausgewichen.

Angriffskolonne der Division »Großdeutschland«, März 1943, vor BOGODUCHOFF. Im Vordergrund SPW des I. (gep.)/Pz.Gren.Rgt.GD.

Der erste »Tiger«-Panzer bei »Großdeutschland«, Februar 1943.

Panzerregiment »Großdeutschland«

Gegenangriff auf BORRISSOWKA TOMAROWKA

Inzwischen wurde auf dem Truppenübungsplatz NEUHAMMER aus Regimentsstab und II. Panzerregiment 203 – das Panzerregiment 203 unterstand bisher direkt der Heeresgruppe Nord und kämpfte dort am WOLCHOW, bei TSCHUTOWO und DEMJANSK – der Regimentsstab des Panzerregiments »Großdeutschland« und das II. Panzerregiment »Großdeutschland« sowie eine Tiger-Kompanie aufgestellt. Die als 13. Kompanie in das Panzerregiment eingegliederte Tiger-Kompanie verfügte zunächst nur über neun Kampfpanzer Tiger I und einen eigenen schweren Panzerwerkstattzug. Die Führung des Regiments übernahm der verwundet aus Stalingrad ausgeflogene Träger des Eichenlaubes, Oberst der Reserve Hyazinth Graf Strachwitz.

Stellenbesetzung II. Abteilung:

Kommandeur	Major Thiede
Adjutant	Leutnant von Mutius
Nachrichtenoffizier	Oberleutnant Risch
5. Kompanie	Oberleutnant Klemz
6. Kompanie	Hauptmann von Gottberg
7. Kompanie	Oberleutnant Lex
Tiger-Kompanie	Hauptmann Wallroth
Stabskompanie	Oberleutnant Börsch

Die Zugführer sind fast ausschließlich Offiziere, Panzerkommandanten, bewährte Feldwebel.

Die Kampfkompanien werden durchweg mit 14 Kampfpanzern Panzer IV (7,5 cm L 48) ausgestattet, je Zug vier, Kompanie zwei. Dazu besaß die Abteilung einen Flammzug in der Stabskompanie neben Nachrichten-, Pionier- und Erkunderzug. Der Flammpanzer III hatte nur drei Soldaten als Besatzung (Fahrer, Funker, Kommandant), Flammölbehälter im Turm, ein MG 34 als zusätzliche Bewaffnung im Turm.

Nachdem durch Generalfeldmarschall von Mansteins kühne Gegenoffensive in die Flanke der auf den DNJEPR bei SAPOROSHJE zustoßenden feindlichen Panzer- und Gardearmeen starke feindliche Kräfte zerschlagen und vernichtet wurden, gelang es, die Frontlücke zwischen 1. Panzerarmee und der Armeegruppe Kempf zu schließen. Dabei wurde die Masse der 1. Gardearmee und der sowjetischen 6. Armee vernichtet. Nun kam es darauf an, CHARKOW wieder zu nehmen und die Front bis BJELGOROD vorzuverlegen und den Zusammenhang der Verteidigung wiederherzustellen. Der Angriff soll im Zusammenwirken mit dem SS-Panzerkorps und frisch herangeführten Infanteriedivisionen erfolgen. Die Zeit zur kurzen Auffrischung wird genutzt.

Schon am 06.03.1943 tritt die Division in mehreren Kampfgruppen im Schwerpunkt mit dem neu aufgestellten verstärkten Panzerregiment und der 13. Tiger-Kompanie ohne I. Abteilung, die bei der Kampfgruppe des Füsilierregiments eingesetzt ist, aus Bereitstellungen südlich SSIDORENKOWO-TSCHABANOWKA mit Zwischenziel KONTOKUSOWO auf das erste Angriffsziel PEREKOP an. Nach schwachem Feindwiderstand wird am Nachmittag PEREKOP genommen. Stärkerer Widerstand bei GOSOW und PETROWSKIJ wird gebrochen.

Am 07. und 08.03. wird der Angriff zügig fortgeführt und mehr als 20 Feindpanzer vernichtet. Es taut, aber der Boden ist noch gefroren. Noch kann man sich gut bewegen. Das Panzerregiment mit ihm folgenden Grenadierregiment »Großdeutschland« stoßen bis SCHLJACH vor und drehen von dort nach Norden, um weichendem Feind den Rückzug abzuschneiden. Feindliche Durchbruchsversuche werden unter Abschuß mehrerer T 34 vereitelt. Die Division tritt am 11.03. zum konzentrierten Angriff auf BOGODUCHOFF an, wobei das Panzerregiment den Ort nordwärts umgeht. Nach zweistündigem Gefecht wird BOGODUCHOFF gegen 11.30 Uhr von Nordosten genommen. Bei der Verfolgung des Feindes über LESKOWKA und SCHTSCHERBAKI wird bis SSENIANKA vorgezogen und dort gesichert.

Panzer-Lage am

	Panzer III	*Panzer IV*	*Flammpanzer*	*Panzer VI (Tiger)*
- 11.03.	9	39	6	6
- 12.03.	4	36	6	4
- 15.03.	6	35	6	3
- 16.03.	5	18	6	1
- 17.03.	3	33	12	2
- 19.03.	4	18	7	-
- 21.03.	7	30	8	-
- 23.03.	7	6	9	-

An den einzelnen Gefechtstagen fallen jeweils ca. 10% der einsatzbereiten Kampfpanzer durch Feindeinwirkung aus. Trotz der nur etwa 50% Verfügbarkeit des Panzerbestandes des Panzerregiments wird unter der hervorragenden Führung des Panzergrafen von Strachwitz, im Regiment der »Conte« genannt, am 12.03. auf BOL-PISSAREWKA und GRAIWORON angegriffen. Am 13.03. bewähren sich beim Angriff auf GOLOWITSCHINO die Panzer IV vorzüglich, so das Urteil im KTB (Kriegstagebuch der Division). BORRISSOWKA wird genommen. Am 14.03. werden bei einem Gegenangriff des 2. Sowjet. Garde-Panzerkorps 30 T 34 vernichtet. Bis zum Abend werden weitere 16 Panzer vernichtet, so daß die Zahl auf 46 erhöht wird. Dabei erzielt die ehemalige Panzerabteilung »Großdeutschland«, jetzt I. Abteilung, ihren 200. Panzerabschuß. Im Ortsgefecht und beim Kampf um die Pak-Stellungen schieben sich die Panzer unter gegenseitigem Feuerschutz, oft auch die Pak-Stellungen umgehend, nahe an diese heran und vernichten diese. Flammpanzer bekämpfen dann die Infanteriesicherungen. Am Ortsrand von GRAIWOROW nähern sich die Flammpanzer bis auf 60m im Schutze der Dunkelheit den Pak-Stellungen, setzen zuerst einen kalten Strahl, um diesem einen Flammenstrahl folgen zu lassen. So wird ein Geschütz nach dem anderen zum Schweigen gebracht. Am 16.03. schießt die I. Abteilung ostwärts BORRISOWKA wieder 30 T 34 ab. Der Gegner greift nun auch von Norden von KRJUKOWO in Richtung Rollbahn und BORRISSOWKA an, wird aber abgewiesen. Am gleichen Tag (16.03.) verfolgt die II. Abteilung unter Major Thiede den abgewiesenen Panzerfeind bis vor STRIGUNY und gerät auf eine größere feindliche Panzerbereitstellung, wobei es zu einem heftigen Feuerkampf mit dem weit überlegenen Feind kommt. Nach Verlust von vier Panzern muß sich die Abteilung vom Feind lösen.

Am 18.03. greift das Panzerregiment zusammen mit dem Grenadierregiment nach Osten an und vernichtet 15 T 34 sowie 20 Pak. Beim Angriff auf TOMAROWKA gelingt es, einen größeren feindlichen Panzerverband von 90 Kampfpanzern durch geschickte Führung des Regimentskommandeurs in einer Feuerfalle des Panzerregiments zu locken, wobei die Panzer des Regiments das Feuer erst eröffnen, als sich ihnen die tiefe Flanke des Gegners bietet. Dabei werden 54 T 34 und mehrere T 70 vernichtet. In dem Chaos fliehen Besatzungen nicht getroffener T 34, so daß 15 T 34 intakt erbeutet werden. Zusätzlich werden noch 29 Pak vernichtet bzw. erbeutet. Die Division hat damit in den letzten Tagen fünf sowjetische Divisionen und fünf Panzerbrigaden vernichtet. Am 18.03.1943 wird der Divisionskommandeur, Generalleutnant Hoernlein, mit dem Eichenlaub ausgezeichnet. Insgesamt vernichtete die Division 838 Sowjetpanzer und 575 Geschütze.

Den Panzerkampf um und in BORRISSOWKA schildert Leutnant Pawel, Zugführer in der 7. Kompanie, gefallen März 1944 bei ROWNOJE, wie folgt:

»Mit Einbruch der Dämmerung des 14. März 1943 wird es ungemütlich. MG-Schüsse peitschen durch die Vorgärten von Borissowka und Granaten gurgeln unheimlich über uns hinweg, zu erkennen an den hellroten Leuchtfäden. In unserem Sicherungsabschnitt ist es ja noch ruhig, doch wie gebannt drücken wir unsere Kopfhörermuscheln enger an die Ohren. Die Funksprüche der eigenen Panzer besagen, daß dort Hochbetrieb ist: Feindliche Infanterie umschleicht die eigenen Panzer, ist teils bereits in deren Rücken; aus allen Richtungen Mündungsfeuer, ohne Zweifel von feindlichen Panzern. Drei Stunden lang mächtiger Schlachtenlärm; die dunkle Nacht wird erhellt durch die brennenden Häuser ringsum. – Zuweilen eine Detonation, Leuchtspur hundertfach in den Abendhimmel sprühend, die Munition abgeschossener Panzer. Doch jeder fragt sich bang: Eigene oder feindliche?? – Gegen 1.00 Uhr früh des 15. März 1943 sind drei feindliche Panzerangriffe gegen die Nordbrücke Borissowka abgeschlagen und acht T-34 zur Strecke gebracht. Der Feind zieht sich fürs erste zurück. Ohne Zweifel sammelt er sich jedoch zu einem neuen Unternehmen..

Dann kommt der Funkbefehl: 7. Pz.Kp. verstärkt Sicherungen an der Nordbrücke! Längst haben wir darauf gewartet. Mit vier Panzern tasten wir uns die Straße entlang, der grelle Feuerschein ist unser Ziel. Kurz vor der Brücke selbst noch kurze Einweisung in die Lage und dann unser Auftrag. Schon schleichen wir in Sicherungsabständen über die Nordbrücke. Geblendet durch den Feuerschein sehen wir gerade noch in der Verlängerung der Straße Mündungsfeuer und da jagen auch schon die ersten feindlichen Granaten an uns vorbei. Nur schnell weg von hier, der Feind hat ja sämtliche Rohre auf die Brücke gerichtet. Der Fahrer des ersten Panzers erkennt die Situation blitzschnell, reißt ohne Befehl sein Fahrzeug nach rechts und verschwindet in der schützenden Finsternis. Der zweite Panzer folgt schon dicht auf, und auch den beiden anderen gelingt die Abfahrt in das Dunkel der Nacht. Eng halten wir uns zusammen, sichern igelförmig, denn die Luft ist auch hier, rechts abseits der Brücke, nicht rein.

MG-Salven peitschen uns aus nächster Nähe entgegen. Schießt nur feste mit euerem MG, meint mein Richtschütze, dann kann ich euch eher kriegen. Und er freut sich, daß die sowjetische Infanterie dadurch ihre Stellungen preisgibt. Auch einige Panzergranaten gelten uns, die uns aber verfehlen. In einer Mulde, etwa 200 Meter rechts abseits der Straße, haben wir inzwischen Stellung bezogen, eine gute Feuerstellung, aber fast auch eine Mausefalle. Was nun, wenn uns die Sowjets überrennen und uns den Rückweg zur Brücke abschneiden? Doch warum sich Gedanken darüber machen, wir haben Befehl, hier zu sichern. Überraschen wird uns keiner, dafür sind wir viel zu wachsam, und im Zug kann sich einer auf den anderen verlassen. Der Zugführer erkundet Wechselstellungen und nimmt Verbindung mit den eigenen Panzern links der Straße auf; sie übernehmen den Feuerschutz für unsere vorgeschobene Stellung. Nach kurzer Anweisung an die Panzerführer über die Feuerverteilung wird Funkverbot befohlen. Feuer darf nur auf Funkbefehl des Zugführers eröffnet werden. Nun folgen kritische Minuten. Kaum 1000 Meter entfernt brummen plötzlich die Diesel der Feindpanzer auf. Es sind nicht etwa nur zwei oder fünf T-34, das müssen viel mehr sein. Wir müssen uns auf einen harten Strauß gefaßt machen!

Der Morgen des 15. März 1943 graut, das Motorengebrumm kommt langsam näher. Die Panzerführer erkennen drüben an der Straße die Umrisse des ersten T-34. Die Richtschützen an der Optik werden schon unruhig, aber sie können in der Dämmerung ihre Ziele noch nicht klar erkennen, halten den Atem an und machen mit einem freudigen »AAH« ihrer Beklemmung Luft – als endlich der erste T-34 im Blickfeld der Optik erscheint. Der Ladeschütze lauert währenddessen in fieberhafter Spannung an seiner Kanone, eine Granate in den Händen, zwischen die Beine zwei weitere geklemmt; denn es kommt ja hier auf jede Sekunde an. Der Funker prüft noch einmal mit zweifelndem Blick seinen Empfänger; warum kommt der Feuerbefehl des Zugführers noch nicht? Es sind schon fünf T-34 im Blickfeld. Mit fiebernden Fingern tastet er kurz die Verbindungskabel ab – sie sind in Ordnung. Ahnungslos wühlen sich die T-34 durch den Schneematsch; sieben sind nun schon sichtbar, und ihre Breitseite ist zu verlockend für den Richtschützen. Wenn sie uns nun vorzeitig entdecken? Da wäre es doch besser, das Feuer sofort und ohne Feuerbefehl zu eröffnen! Sicher hat gerade jetzt der Funk versagt! Oder ist gar der Zugführer ausgefallen? Diese und ähnliche Gedanken jagen durch's Gehirn. Trotzdem wird Feuerdisziplin gehalten. Die T-34 drehen unsicher ihre Rohre halbrechts und dann halblinks; gut, daß wir schon auf gleicher

Höhe sind. Längst weiß jeder Richtschütze, welche Feindpanzer er zu bekämpfen hat. Die beiden ersten sind die Beute des linken Flügelmannes, die danach folgenden gehören den rechts gestaffelten Kameraden. Die Nerven sind aufs äußerste gespannt; die Panzerführer blicken durch den Sehschlitz kurz zum Panzer des Zugführers. Ihre in vielen Gefechten geübte Ruhe scheint für den Augenblick erschüttert – da, endlich, kommt der erlösende Befehl: Achtung ... entsichern ... Schuuuß!!! Ein mächtiger Knall! Vier-acht-zwölf grüne Leuchtfäden in Sekundenfolge; – dazwischen die kurzen Funksprüche; dann nur noch vereinzelte Schüsse aus unseren Kanonen. Drüben riesige Stichflammen und Qualm. Der letzte T-34 versucht kehrt zu machen und fährt sich dabei fest. Die Besatzung springt katzenartig aus dem Turm, bleibt aber in unserem MG-Feuer liegen. Unsere Panzerfahrer winken sich gegenseitig freudig zu. Nun gilt es noch, die vor uns liegende, alles beherrschende Höhe zu erreichen, um dem Feind zurvorzukommen. Der Gegenstoß gelingt. Der Kompaniemaler aber hat nach unserer Rückkehr in die Quartiere Arbeit genug: denn 17 Ringe an den Rohren als Siegestrophäe müssen auch noch gemalt sein.«

Neben anderen Divisionsangehörigen, wie z.B. Hauptmann Frantz, der das Eichenlaub zum Ritterkreuz erhält, und Hauptmann Magold, der das Ritterkreuz erhält, beide von der Sturmgeschützabteilung, für Führung und Panzerabschüsse, werden Oberst Graf von Strachwitz mit den Schwertern zum Eichenlaub des Ritterkreuzes und Major Pössl, Kommandeur I. Abteilung Panzerregiment »Großdeutschland«, mit dem Ritterkreuz ausgezeichnet. Damit ist eine würdige Ehrung der Leistungen der jungen Panzerwaffe in der Division »Großdeutschland« erfolgt. Der Generalinspekteur der Panzertruppen, Generaloberst Guderian, besucht am 30./31.03. die Division. Da der Regimentskommandeur Oberst Graf von Strachwitz infolge Urlaubes des Divisionskommandeurs die Division führt, begrüßte der Panzergraf den Generaloberst und stellt ihm das angetretene Panzerregiment vor. Der Panzergraf informiert dabei den Generaloberst über die ersten Erfahrungen mit dem Kampfpanzer Tiger und kann Wünsche und Vorschläge zur weiteren Ausstattung der Division vortragen. Als ein Ergebnis des Frontbesuches veranlaßte Guderian eine Erhöhung und Beschleunigung der »Tiger«- und »Panther«-Produktion.

Im Gelände rund um BORRISSOWKA/TOMAROWKA stehen als Zeugen der Erfolge die zahlreichen vernichteten Feindpanzer und werden in der nachfolgenden Zeit noch manch »hohem Besuch« vorgeführt.

Setzt man das Kräfteverhältnis der eigenen verfügbaren Kampfpanzer in den Märztagen in Beziehung zu den Abschußzahlen, so stellt man fest, daß fast stets gegen eine 2-3fache Überlegenheit sowohl an Zahl wie auch an Kampfwert der Panzer (T 34 besserer Schutz und höhere Beweglichkeit als Panzer IV) angegriffen wird. Bessere Führung und Ausbildung, aber auch Kampfgeist sind die Voraussetzungen der Erfolge. Nach den Kämpfen sangen die Panzersoldaten: »Und wenn ihr die schwarzen Gesellen fragt, das ist Strachwitz' wilde verwegene Jagd« (Lützow-Lied). Die aus nur neun Tigern bestehende 13. Kompanie, von denen manchmal nur wenige Panzer einsatzfähig waren, konnte im März mehr als 30 Feindpanzer vernichten.

In der folgenden Auffrischungsphase der Division »Großdeutschland« wird mit der Umrüstung des I. Grenadierregiments »Großdeutschland« auf Schützenpanzer zu einem Panzergrenadierbataillon begonnen. Auch die Panzeraufklärungsabteilung wird fast vollständig mit gepanzerten Fahrzeugen ausgestattet; ebenso erhält die 1. Kompanie des Pionierbataillons »Großdeutschland« Schützenpanzer. Auch wird das Pionierbataillon um eine Kompanie verstärkt und das Artillerieregiment auf vier Abteilungen gebracht. Artillerieregiment und Panzergrenadierregiment erhalten gepanzerte Selbstfahrlafetten zur direkten Feuerunterstützung. Das Artillerieregiment wird Panzerartillerieregiment. Mit diesen materiellen und personellen Ergänzungen wird die Infanteriedivision »Großdeutschland« zu einer Panzergrenadierdivision und am 23.06. entsprechend umbenannt.

Die Auffrischungszeit bei POLTAWA im Raum OPOSCHNJA und KOTELWA bei einer Periode relativer Ruhe an der Front wird durch die Division und das Panzerregiment genutzt, um ein durchdachtes Ausbildungsprogramm durchzuführen und die Einheiten und Verbände auf der Grundlage sorgfältiger Friedensausbildung zu schulen. Die Ausbildung beginnt auf der Ebene der kleinen Kampfgemeinschaft, Einzelpanzer, Zugebene und wird schrittweise zu Übungen im Abteilungs- und Regimentsrahmen bis zum Divisionsrahmen erweitert. Gefechtsschießen im scharfen Schuß finden regelmäßig statt.

Oben:
Befehlsausgabe bei Oberst Graf von Strachwitz, März 1943.

Links:
Oberst Graf von Strachwitz im Turm seines Befehlspanzers, 1. März 1943.

Rechts:
Oberst Graf von Strachwitz, Regimentskommandeur Panzerregiment »Großdeutschland«. Vormarsch auf BOGODUCHOFF, rechts oben Tiger der 13. Kompanie.

Regimentsstab Panzerregiment »Großdeutschland« bei Aufmarschhalt für Angriff BOGODUCHOFF.

Oberst Graf von Strachwitz orientiert sich im Gelände.

Panzerfunkwagen beim Regimentsstab Panzerregiment »Großdeutschland«, März 1943.

Angriffskolonne des Panzerregiments »Großdeutschland«, März 1943.

Panzer rollen zum Angriff vor. März 1943, BOGODUCHOFF.

Panzerregiment »Großdeutschland« tritt zum Angriff an. März 1943.

Der Panzerfriedhof bei BORRISSOWKA, März 1943, vorn rechts T 70, dahinter T 34 vernichtet.

Panzer III der I./Panzerregiment »Großdeutschland«, März 1943.

Panzer III der I./Panzerregiment »Großdeutschland« mit aufgesessener Infanterie. März 1943.

Panzer IV treten zum Angriff mit aufgesessenen Grenadieren an. März 1943.

Grenadiere mit 7,5 cm Pak, 4. März 1943.

Funk-SPW (SdKfZ 251) im Einsatz bei »Großdeutschland«, März 1943.

Ruhetag der 13. Kp. während der Kämpfe im März 1943.

Erbeuteter T 34, der teilweise Angriffe mitfuhr. Bei BORRISSOWKA wurden im März 1943 einige T 34 erbeutet.

Erbeuteter T 34 bei BORRISSOWKA, März 1943.

USA-Hartkerngeschosse haben die Kugelbleche des Funker-Mg nicht durchschlagen, März 1943.

Von 7,62 cm Kanone eines T 34 durchschossenes 8,8 cm Tiger-KWK-Rohr, März 1943.

Tiger mit durchschossener KWK (Kampfwagenkanone) 8,8 cm, März 1943.

Panzer-Werkstatt in GRAIWORON an der Ortskirche, April 1943.

Panzer-Instandsetzung, hier Austausch der KWK. Dazu mußte der Turm mit Portalkran abgehoben werden. April 1943. 13. Tiger Kp. PzRgt.GD.

Ritterkreuz für Hauptmann PÖSSL, Abschreiten der Front des angetretenen Panzerregiments »Großdeutschland« mit Oberst Graf von Strachwitz, April 1943.

Tiger der 13. Kp. Panzerregiment »Großdeutschland« mit Oberst Graf von Strachwitz, April 1943, Schlammperiode.

Wegweiser der Division »Großdeutschland«, März/April 1943.

Panzerbergung mit 18-Tonnen-Zugmaschine in der Schlammperiode, März 1944.

Tiger in der WORSKLA in BORRISSOWKA, April 1943, bei Frühjahrshochwasser, konnte erst später geborgen werden.

Vor dem Antreten zum Angriff, März 1943.

Panzerangriff mit aufgesessenen Grenadieren, März 1943.

Oberst Graf von Strachwitz, Kommandeur Panzerregiment »Großdeutschland«, Frühjahr 1943.

Oberleutnant Dr. Fritz Stadler, 13. Kp. Panzerregiment »Großdeutschland«, in voller Aktion mit typischer Offizier-Feldmütze.

Abheben eines Tigerturmes mit Portalkran.

Tiger in der Werkstatt mit Portalkran.

Panzerinstandsetzung beim Panzerregiment »Großdeutschland«, Mai 1943.

Laufrollenwechsel in der Werkstatt.

Reparatur beim Schnelldienst des Kraftfahrparks POLTAWA.

Ersatzteilausgabe beim Schnelldienst des Kraftfahrparks in POLTAWA an einen Waffenmeister.

Kfz-Reparatur in POLTAWA.

An der Benzinpumpe des Kfz wird geschraubt. POLTAWA Mai 1943.

Soldaten des Bergezuges Panzerregiment »Großdeutschland« mit 18-Tonnen-Zugmaschine.

Werkmeister hantiert mit schwerem Ersatzrad der 18-Tonnen-Zugmaschine.

Bergemannschaft beim Kartenspiel, Mai 1943.

Wagenburg der Nachschubtruppe »Großdeutschland« bei POLTAWA. Im Vordergrund 4-Mann-Zelte aus Dreiecksbahnen.

Die Stimmung an der Feldküche ist gut.

Nachschubkolonne »Großdeutschland« im Rastraum.

Auch die Körperpflege wird nicht vergessen; beim Haareschneiden.

Leben im Rastraum, Mai 1943.

Erholung nach dem Einsatz.

Die Heimatpost wird studiert.

Panzer IV des Panzerregiments »Großdeutschland« bei BORRISSOWKA, April 1943.

Panzerinstandsetzung bei POLTAWA, Mai/Juni 1943.

Panzerwerkstatt mit Soldaten und russischen »HIWIS« = hilfswilligen ehemaligen sowjetischen Soldaten.

Panzerwerkstatt im Raum POLTAWA-KOTELWA.

Panzerfahrschule im Raum POLTAWA, Mai 1943.

Panzerwerkstatt »Großdeutschland« bei Laufwerkreparatur, Mai 1943.

Panzer mit Laufwerkschäden werden repariert.

Die Panzerwerkstatt ist ausgelastet, vorn rechts 18-Tonnen-Zugmaschine.

Freundschaftliche Begrüßung in der Werkstatt-Kompanie.

18-Tonnen-Zugmaschine, Zugpferd für Artillerie, Flak und Bergemittel für Schadpanzer.

Es ist noch viel Arbeit für die Werkstatt-Kompanie vorhanden.

Deutsche und russische »HIWIS« (Hilfswillige), Panzerschlosser, Mai/Juni 1943.

Panzerwerkstatt bei POLTAWA, Mai 1943.

Der Regimentsarzt, Stabsarzt Dr. Hewel, mit seinem Sanitätspanzer.

Der Sanitätspanzer des Regimentsarztes des Panzerregiments »Großdeutschland«.

Das Essen schmeckt der Besatzung der 18-Tonnen-Berge-Zugmaschine.

Panzerkommandant vor Panzer IV der I./Panzerregiment »Groß-deutschland«, Juni/Juli 1943.

Panzer IV der I./Panzerregiment »Großdeutschland«, Juli 1943.

Links die angetretene 13. Tiger-Kompanie. Hptm. Kraft Wallroth, Kp.Chef, von rechts kommend, Juni 1943.

Nicht mehr einsatzbereiter Tiger der 13. Tiger Kp. Pz.Rg. »GD«, Juli 1943.

Tiger mit Laufwerkschaden wird instandgesetzt durch I-Trupp, Juli 1943.

Beschädigter Tiger der 13. Tiger Kp. Pz.Rgt. »GD«, Juli 1943.

Durch Minen beschädigter Tiger der 13. Tiger Kp. Pz.Rgt. »GD«, Juli 1943.

Unternehmen »Zitadelle« Juli 1943

Die größte Panzerschlacht der Geschichte

Inzwischen war die »Schlammperiode« vorüber. Das Gelände war wieder gangbar und fahrbar. Die Vorbereitungen, insbesondere bei den höheren Stäben bis zur höchsten Führungsebene des Reiches zu einer Sommeroffensive zur Beseitigung des »Kursker Frontbogens« haben längst begonnen. Die Diskussionen über die Aussichten und Risiken sowohl hinsichtlich des Kräfteverhältnisses, Zeit- und Raumvorstellungen beschäftigen die höheren Stäbe und Generäle. »Es darf nicht schiefgehen«, so die Parole. Bis Frühjahr 1943 hatte sich die militärische Großlage Deutschlands maßlos verschlechtert. Trotz der Erfolge Mansteins im Süden der Ostfront stand nach Stalingrad, Rückschlägen in Afrika, verstärktem Luftkrieg im Reich fest, daß man einem Gegner im Osten gegenüberstand, mit dem man allenfalls ein »Remis« erzielen konnte. Hinzu kam, daß ein Angriff im Kursker Bogen Anfang Mai vielleicht einen durch die Panzerverluste geschwächten Gegner, der in seinen Verteidigungsvorbereitungen noch nicht fertig war, nicht ganz so gut vorbereitet getroffen hätte, wie im Juli 1943. Aber die oberste Führung glaubte, des hohen Risikos bewußt, auf den Zulauf neuen Panzermaterials – z.B. »Panther«, Sturmgeschütze usw. – warten zu können. Guderian hielt das »Unternehmen Zitadelle« für zwecklos, von Manstein wollte lieber »aus der Nachhand schlagen« und nicht gegen einen abwehrbereiten Gegner in festungsartig ausgebauten Stellungen antreten. Das »Unternehmen Zitadelle« beschäftigte die Gedanken und Pläne aller Führungsebenen, denn hier wollte man sich mit den letzten starken Reserven des Ostheeres auf ein gefährliches Spiel einlassen. Die Truppe jedoch wußte von den Überlegungen und Planungen kaum etwas, war sich ihrer Stärke und Kampfkraft durchaus bewußt und vertraute der bewährten Führung aller Ebenen des Ostheeres. Der Verlust der Schlacht von Stalingrad hatte jedoch das Vertrauen und den Glauben an die Versprechen der obersten, insbesondere politischen und militärischen Führung erschüttert. Eigenartig erschien, daß im Juni 1943 die russischen Quartierleute den Beginn der Offensive zeitlich genau voraussagten. Nachträglich weiß man, daß Verrat bzw. sowjetische Aufklärung im Spiel waren.

Um möglichst viele Feindkräfte im Frontbogen von Kursk beim »Unternehmen Zitadelle« zu vernichten, war vorgesehen, daß die Heeresgruppe Süd, aus dem Raum TOMAROWKA-BJELGOROD antretend, die Linie PRILEPY-OBOJAN zu durchbrechen und ostwärts bei KURSK den Kontakt mit der nördlichen Angriffsarmee herzustellen hatte. Die Heeresgruppe Mitte hatte ähnlich von Norden über TROSSNA-MALUARCHANGELSK anzutreten, bei FATESH-WEREITENOWO durchzubrechen und bei KURSK die Verbindung mit den von Süden angreifenden Kräften herzustellen.

Das Gelände, in dem die Division »Großdeutschland« und damit das Panzerregiment angreifen und das Gefecht führen sollte, war gekennzeichnet durch leicht welligen Charakter einer weiten Ebene, unterbrochen von zahlreichen Tälern, aber auch steilen Erosionsschluchten, »Balkas« genannt, die Deckungen boten, aber auch Hindernis sein konnten. Dazwischen lagen unregelmäßig verteilte Dörfer auf Höhen, aber auch in Tälern. Der PENA-Fluß floß ziemlich schnell. Das Ansteigen der Höhen nach Norden begünstigte den Verteidiger. Weite Getreidefelder bedeckten die Landschaft und erschwerten die Sicht. Die Mulden und Bachtäler sowie Ufer der PENA waren versumpft. Das Gelände war deshalb keineswegs panzergünstig, aber genausowenig panzersicher, konnte aber leicht verstärkt werden. Panzer und Gefechtsfahrzeuge konnten sich am halben Hang bzw. auf den Höhenrücken gut bewegen. Feste Straßen gab es nicht. Regenfälle und Gewitter machten zeitweilig Bewegungen von Räderfahrzeugen unmöglich.

Die Russen reagierten auf die deutschen Planungen wie zu erwarten. Sie befestigten günstige Abschnitte, bauten mehrere Widerstandslinien aus, machten Ortschaften zu kleinen Festungen, nutzten jede Deckung, bauten lange Panzergräben und legten an den panzergünstigen Stellen geschickt Minenfelder. Manche Militärhistoriker sprachen sogar von einem »großräumigen VERDUN«. Dazu staffelten sie ihre Aufstellung tief und hielten ihre Panzerverbände an günstigen Stellen zu Gegenangriffen in die Flanken der Angreifer bereit. Darüber hinaus hielten sie starke strategische Reserven (drei Armeen der Steppenfront) zur Verfügung, um jederzeit entsprechend der Lage eingreifen zu können. Bei der Heeresgruppe Süd hatte Generalfeldmarschall von Manstein dem Rechnung getragen, indem das SS-Panzerkorps die strategischen Reserven auf sich ziehen und die Armee-Abteilung Kempf mit einem Panzerkorps und zwei Infanteriekorps seinerseits den russischen STAWKA-Reserven in die Flanke fallen und damit die Entscheidung suchen sollte. Ein ganzes Panzerkorps war dann immer noch als Armee-Reserve für jeden Einsatz verfügbar. Immerhin treten auf deutscher Seite 2.800 Panzer (Nord- und Südangriffsgruppierung) insgesamt über 5.000 sowjetischen Panzern gegenüber. Es sollte die größte Panzerschlacht der Weltgeschichte werden. Gegenüber der Heeresgruppe Süd stand die WORONESCHER FRONT unter General Watutin, Politstellvertreter und Frontkommissar Chrustschow, mit 6. Garde Armee, 40. Armee, 69. Armee und 1. Panzerarmee (General Katukow, Politstellvertreter General Popjel). Obwohl in der Vorbereitungszeit genaue Erkundungen durch die Angriffstruppe unternommen wurden, Luftaufklärung – für jeden Quadratmeter gab es Fotos – geflogen wurde, konnten doch wichtige Einzelheiten der Verteidigung im Angriffsgelände nicht erkannt werden. Auch die sowjetische Maskirowka (= Tarnung) war meisterhaft im Verbergen der Stellungen und Truppenteile. Daher konnte es nicht ausbleiben, daß die Stärke des Gegners beträchtlich unterschätzt wurde.

Inzwischen hat das Panzerregiment »Großdeutschland« Ende Juni den Bereitstellungsraum bei MOSCHTSCHENOJE bezogen. Jetzt wird auch der Division das neu herangeführte Panzerregiment 39, Kommandeur Major von Lauchert, ausgerüstet mit ca. 192, davon einsatzbereit 184, neuen Panzern V (»Panther«), mit den Panzerabteilungen 51 (Kommandeur Hauptmann Meyer, gefallen 19.08.1943, später Hauptmann Pfeffer und Major Glaesgen) und 52 (1. Kommandeur Major v. Sivers, 2. Kommandeur Hauptmann Gabriel) zugeführt.

Zusammen mit dem Panzerregiment »Großdeutschland« soll eine starke Panzerbrigade gebildet werden. Als deren Kommandeur ist Oberst Decker vorgesehen, der jedoch erst kurz vor Beginn des Angriffs mit Adjutant auf dem Gefechtsfeld eintrifft. Der Stab der sogenannten Panzerbrigade 10 kommt jedoch erst am 03.07. von Berlin aus zur Verladung, wobei noch nicht alle Panzer und Fahrzeuge zugewiesen sind, und trifft erst am 11.07. ein. Der Brigadestab wird deshalb mit Unterstützung des Panzerregiments 39 (zwei Panther, einige wenige Kfz und ein Panzerbefehlswagen von der Panzernachrichtenabteilung »Großdeutschland«) behelfsmäßig gebildet. Die Führung der Panzerbrigade übernimmt vom 05.–06.07. Oberst Decker, vom 07.–11.07.43 Oberst von Strachwitz. Die Abteilungen und Kompanien des »Panther«-Regiments haben kaum Verbandsausbildung durchgeführt und wenig scharf geschossen. Offiziere wurden zum Teil durch die Panzernachrichtenersatzabteilung 82 gestellt. Die neuen »Panther« sind, wie sich zeigte, technisch noch nicht ausgereift. Die jungen Besatzungen verfügen kaum über Osterfahrungen und kennen nicht die Kampftaktik der sowjetischen Panzerwaffe und die Härte des Gegners.

Zur Aufstellung der Panzerabteilung 51 wird die 2. Abt./Panzerregiment 33 der 9. Panzerdivision, einer im Ostkrieg bewährten Panzerdivision, herangezogen, während die Panzerabteilung 52 durch die 1. Abt./Panzerregiment 15 der 11. Panzerdivision, ebenfalls einer erprobten und anerkannten schlesische Panzer-Abteilung, gebildet wird. Die Verbände werden aber mit jungem Ersatz und zusätzlichem Personal, oft aus panzerfremden Einheiten, aufgefüllt. Dazu treten junge, oft unerfahrene Offiziere. Gelegenheit zur Gefechtsausbildung gab es allenfalls bis zur Zugebene. Es fehlte das Üben im Kompanie- bzw. Abteilungsrahmen, was sich besonders in den ersten Gefechten auswirkte. Das späte Eintreffen – erst am 04.07. trafen die letzten Teile des »Panther«-Regiments ein – führte dazu, daß kaum Einweisungen in Gelände, Auftrag, Nachbarn usw. vorgenommen wurden. Die Funkabstimmung konnte vor Angriffsbeginn nicht erfolgen, da Funkstille im Bereitstellungsraum befohlen war. Erkundungen fielen völlig aus. Führer und Besatzungen hatten die Karte und das Gelände nicht im Kopf. Das Ergebnis waren Unsicherheiten bei der Führung, Fehlverhalten in der Gefechtsordnung, schlechte Verbindungen und behinderte Befehlsgebung. Richtungsänderungen im Gefecht wurden zu spät erkannt, was zu Flankenbedrohungen führte. Hinzu kamen technische Ausfälle, Motorbrände, die im Kampf gegen den abwehrbereiten, starken Feind und im minenverseuchten Gelände zu unerwartet hohen Ausfällen führten. Nach kurzem Bereitstellen und Auftanken traten die »Panther«-Verbände am 05.07. um 08.15 Uhr zum Angriff an.

Die sowjetische Seite erwartet alarmiert seit Tagen in Stellung an den Waffen und voll abwehrbereit den Angriff, der in Form eines Vorausangriffs am 04.07.1943, nun doch etwas überraschend wegen der Uhrzeit, zur Gewinnung besserer Beobachtungsstellen für die schweren Waffen gegen 14.50 Uhr und eines Stuka-Angriffes eingeleitet wird. Die Infanterie gewinnt ihre Ziele, und damit ist der Blick ins weitere Angriffsgelände frei. Teilweise wird ein schnelles Nehmen der neuen Stellungen durch gut liegendes Feind-Artilleriefeuer und ein starkes Gewitter behindert. Das Panzerregiment »Großdeutschland« tritt als erstes Treffen am 05.07. frühmorgens, dahinter das »Panther«-Regiment, Richtung TSCHERKASSKOJE an, voraus die 1. Kompanie und die »Tiger«-Kompanie. Der Bachgrund davor ist durch Drahthindernisse und Minensperren stark gesichert.

Die Füsiliere der Begleitinfanterie haben starke Verluste. Dem Panzerregiment schlägt schweres russisches Abwehrfeuer entgegen. Panzer fahren auf Minen, der Kommandeur der II. Abteilung, Oberstleutnant Graf Saurma, der Schwager des Panzergrafen, wird im Turm getroffen und stirbt später im Lazarett. Hauptmann von Gottberg übernimmt zunächst die Führung der II. Abteilung. Die restlichen Panzer des Regiments suchen 1500 m weiter westlich den Übergang über den Bach. Gegen 08.15 Uhr treten auch die Panther des Panzerregiments 39 und der Stab der Panzerbrigade 10, der jetzt auch das Panzerregiment »Großdeutschland« unterstellt ist, aus dem Bereitstellungsraum an. Bereits beim Anmarsch fallen einige Panther durch Motorschäden bzw. Brände aus (sechs Totalverluste durch Motorbrände). Nach mühseligem Überwinden des versumpften Bachgrundes müssen sich die Panzer eines sowjetischen Gegenangriffs mit US-Panzern General Lee erwehren. Sechs Panzer werden abgeschossen. Die Höhe 232,4 nordostwärts TSCHERKASSKOJE soll zunächst gewonnen werden. Das ist jedoch wegen dort eingebauter zahlreicher Feindpanzer nicht möglich. Es wird jetzt angehalten und abgewartet. Erfolge der Panzerbrigade: sechs Panzer abgeschossen, drei schwere Pak vernichtet, ein Schlachtflugzeug abgeschossen.

Einsatzbereite Panzer:	4	Panzer II
	12	Panzer III
	51	Panzer IV
	3	Panzer VI
	12	Flammpanzer
	ca. 166	Panzer V
Ausfälle bisher:	18	Panzer V

Am 06.07. frühmorgens schließen die Panzer auf und greifen links mit den Panthern und rechts mit dem Panzerregiment »Großdeutschland« Richtung Punkt 241,1 und BUTOWO an. Der dort befindliche Panzergraben wird erreicht, ein Minenfeld muß erst geräumt werden. Gegen 14.00 Uhr wird der Panzergraben überwunden und die Höhe 241,1 genommen. Jetzt erfolgt schweres Abwehrfeuer von ca. 50 eingegrabenen Panzern und 30-40 Pak. Trotzdem gelingt es noch, bis zur Höhe 247,2 durchzustoßen.

Leider wird ein Panther, der sich verfahren hatte, fälschlich als Feindpanzer angesprochen und von einem Panzer IV des Panzerregiments 15 der 11. Panzerdivision abgeschossen. Die Besatzung kann nicht mehr ausbooten und fällt.

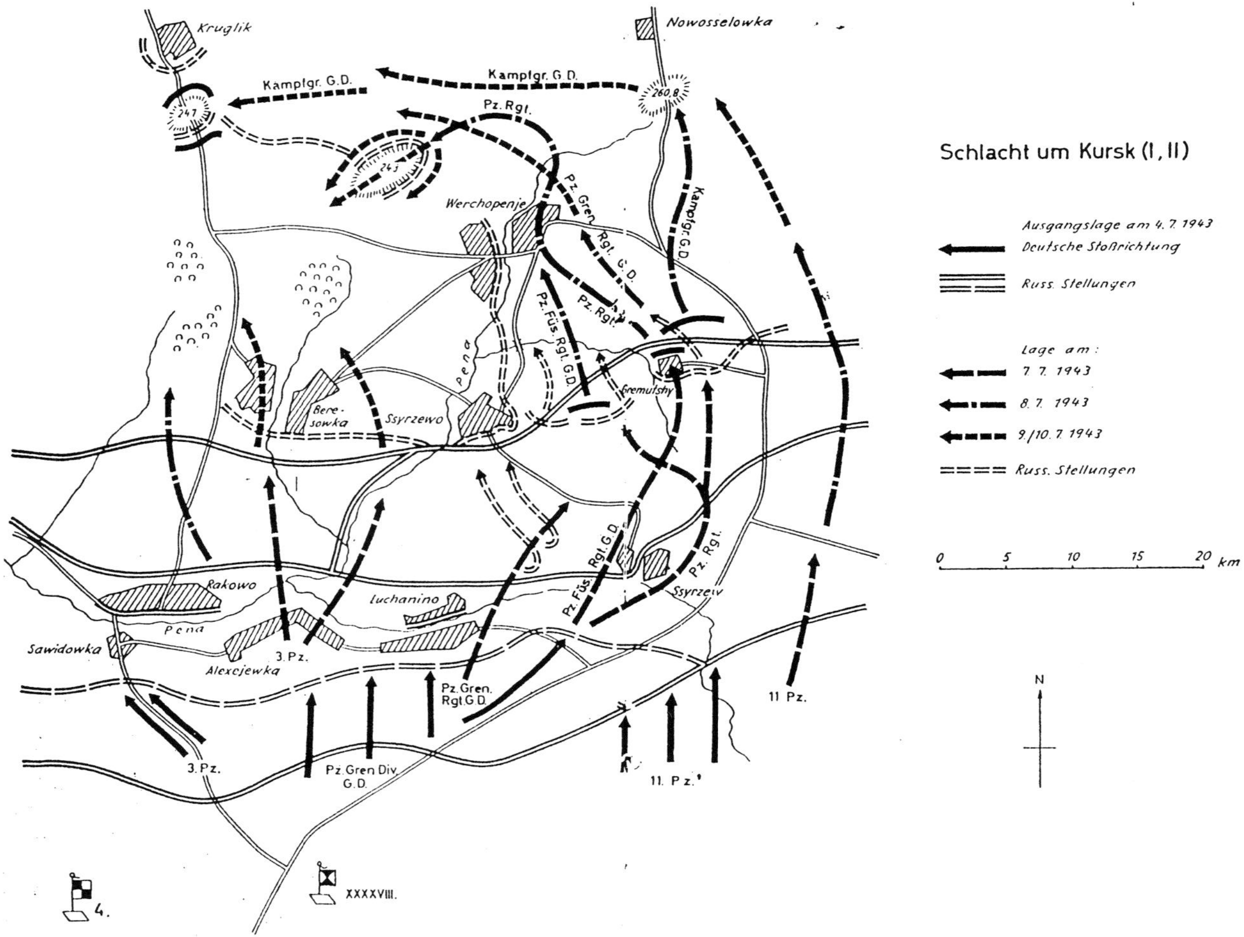
Schlacht um Kursk (I, II)
Ausgangslage am 4. 7. 1943
Deutsche Stoßrichtung
Russ. Stellungen
Lage am:
7. 7. 1943
8. 7. 1943
9./10. 7. 1943
Russ. Stellungen
0
5
10
15
20
km
N
Kruglik
Nowosselowka
Kampfgr. G.D.
Kampfgr. G.D.
247
260,8
Pz. Rgt.
243
Werchopenje
Pz. Gren. Rgt. G.D.
Kampfgr. G.D.
Pz. Füs. Rgt. G.D.
Pz. Rgt.
Gremutshy
Pena
Bere-sowka
Ssyrzewo
Rakowo
Luchanino
Pz. Füs. Rgt. G.D.
Pz. Rgt.
Ssyrzew
Pena
Sawidowka
3. Pz.
Alexejewka
Pz. Gren. Rgt. G.D.
11 Pz.
3. Pz.
Pz. Gren Div. G.D.
11. Pz.
4.
XXXXVIII.

Einsatzbereite Panzer:	4	Panzer II
	9	Panzer III
	21	Panzer IV
	3	Panzer VI
	50	Panzer V
	12	Flammpanzer
Ausfälle:	37	Panther

Am 07.07. wird weiter Richtung Norden angegriffen, dabei wieder starkes Abwehrfeuer von ca. 20 eingebauten Panzern und schwerer Pak. Die Panther kämpfen dabei die Sowjetpanzer nieder, während das Panzerregiment zusammen mit den Panzergrenadieren rechts umholend weiter vorstößt. Dabei werden wieder eingegrabene Panzer niedergekämpft und Minenfelder überwunden. Dabei fällt der letzte Tiger durch Minen aus. Es wird bis 1 km nordnordostwärts SSYRZEWO vorgestoßen. Gegenangriffe von Feindpanzern von Norden und Westen werden zerschlagen. Dabei fällt auch der Regimentsadjutant des Panzerregiments »Großdeutschland«, Hauptmann von Seydlitz. Die Panzer igeln zusammen mit den Panzergrenadieren ostwärts SSYRZEWO.

Erfolge:	62	Panzer abgeschossen
	55	Geschütze vernichtet
	35	LKW vernichtet
	1	Schlachtflugzeug IL 2 abgeschossen
	3	Schlachtflugzeuge von Flak der Panzerabteilung 51
Einsatzbereite Panzer:	6	Panzer III
	22	Panzer IV
	40	Panzer V
	4	Flammpanzer

Nach schlafloser Nacht wird am 08.07.weiter Richtung WERCHOPENJE angetreten. Zunächst soll SSYRZEWO genommen werden. Die gegen den Ort wirkenden Panzer der II. Abteilung Panzerregiment »Großdeutschland« unter Leutnant Hausherr werden sofort durch Volltreffer ausgeschaltet. 40 Sowjetpanzer treffen auf die Panzergruppe Strachwitz, die ihrerseits zehn Panzer abschießt. Der Rest dreht ab. Am Weg von SSYRZEWO nach WERCHOPENJE feuern eingegrabene Feindpanzer auf die Angreifer. Alle elf Feindpanzer werden abgeschossen. Eine Bachbrücke ist unzerstört und wird sofort genutzt, so daß die Höhe südostwärts WERCHOPENJE gewonnen wird. Wieder starkes

Abwehrfeuer von eingebauter Pak und Panzern aus Nordwest und Nord. Gegen 15.00 Uhr trifft endlich Infanterie ein, die zusammen mit drei Panzer IV in WERCHOPENJE eindringt. Davon werden zwei Panzer abgeschossen, der dritte erhält schwere Treffer, kann aber zurückfahren.

Die Gruppe Strachwitz hat nur noch neun einsatzbereite Panzer und kaum noch Munition, hält aber die Stellungen. Abends treffen instandgesetzte Panzer des Regiments »Großdeutschland« ein, und die zeitweilig abgestellte II. Abteilung wird wieder zugeführt. Die Angriffsspitzen befinden sich jetzt nur noch 11 km vom ersten großen Angriffsziel der 4. Panzerarmee, dem Ort OBOJAN, entfernt.

Erfolge:	21	Panzer abgeschossen
	30	Pak/Geschütze vernichtet
Einsatzbereite Panzer:	4	Panzer III
	24	Panzer IV
	8	Panzer VI
	11	Panzer V
Totalverluste:	7	Panzer V
	5	Panzer IV
	2	Panzer III

Am 09.07.1943 stößt die Gruppe Strachwitz mit den anderen Kampfgruppen der Division, hervorragend unterstützt durch die Luftwaffe und Werferregimenter, nach Norden Richtung Punkt 240,4. Trotz starken Flankenfeuers von westlich WERCHOPENJE und nördlich davon – der linke Nachbar, die 3. Panzerdivision, hängt noch zurück –, wird über Punkt 240,4 die Höhe 260,8 genommen und weiter Richtung Höhe 240,4 angegriffen. Dort stoßen die eigenen Panzer auf feindliche Panzermassierungen, eingegrabene Panzer und Pakfronten. Ein Kampf Panzer gegen Panzer beginnt, in den Stukas eingreifen. Es gelingt, die Höhe 243,0 zu erreichen. Immer ist der Panzergraf, der die Brigade führt, vorn dabei. Leider fällt dabei Oberleutnant Autenrieth, 6. Kompanie, er wird mit zwei weiteren Panzern der 6. Kompanie abgeschossen. Hauptmann Walter von Wietersheim hat inzwischen die Führung der II. Abteilung Panzerregiment »Großdeutschland« übenommen. Er tritt weiter an, greift das Pakdorf NOWOSSELOWKA an und gewinnt die Höhe HF. Damit ermöglicht er den Füsilieren, bis Punkt 244,8 vorzudringen. Die Unterstützung durch Luftwaffe und Artillerie, die Nebelwände schießt, ist ausgezeichnet. Es werden größere feindliche Panzeransammlungen, 75 Kampfpanzer und mehr, beobachtet, die scheinbar ohne Führung im Gelände her-

umfahren. Teilweise drehen sie nach Norden ab, andere Panzer greifen die eigenen Kräfte an und werden abgeschossen. Der Divisionskommandeur, General Hoernlein, erscheint persönlich bei der Gruppe Strachwitz und gibt als neues Ziel Höhe 258,5, 4 km westlich WERCHOPENJE, an. Der 3. Panzerdivision, linker Nachbar, der noch zurückhängt, soll vorwärts geholfen werden. Die jetzige Stellung übernimmt die 11. Panzerdivision. Gegen 19.00 Uhr antretend, trifft die Spitze der Panzergruppe beim Überschreiten der Höhe nördlich WERCHOPENJE auf etwa 30 russische Panzer, die jedoch wegen der Dunkelheit nicht mehr bekämpft werden können. Man sichert und igelt zusammen mit der Panzeraufklärungsabteilung »Großdeutschland« nördlich WERCHOPENJE.

Einsatzbereite Panzer:	4	Panzer III
	13	Panzer IV
	3	Panzer VI
	16	Panzer V
Erfolge:	7	T 34
	18	Pak
	viele	LKW
	2	Flugzeuge abgeschossen

Am frühen Morgen des 10.07. erkennt die Panzergruppe Strachwitz vor sich Feindpanzer, die sofort bekämpft werden. Gegen 04.00 Uhr brennen die ersten T 34, aber auch eigene Verluste entstehen. Oberst Graf Strachwitz wird beim Panzerkampf durch den Rücklauf der Bordkanone verletzt und muß die Führung an Hauptmann von Wietersheim abgeben. Die Kampfgruppe erreicht die Höhe 243,0, wo sie jedoch wegen Flankenfeuers nicht weiterkommt. Die Panzergefechte dauern an. Schweres Pakfeuer muß durch Feuerschläge eigener Werfer ausgeschaltet werden. Dagegen gelingt es nördlich davon einer Kampfgruppe von »Großdeutschland«, mit Sturmgeschützen und der 2. Panzeraufklärungsabteilung auf KRUGLIG vorzustoßen und die Nachschubstraße des Gegners zu unterbrechen.

An diesem Tag besucht auch der Generalinspekteur der Panzertruppe, Generaloberst Guderian, die Division »Großdeutschland«, um sich mit diesem Frontbesuch ein Bild von der Lage und der Einsatzfähigkeit der Panzertruppe zu machen.

Am 11.07. muß das Panzerregiment »Großdeutschland« infolge der Panzer-Ausfälle die zwei Panzerabteilungen in je einer Kompanie zusammenfassen. Die Panzergruppe tritt jedoch mit Panthern voraus weiter nach Westen an. Nach anfänglich hartem russischen Widerstand zeigen sich zum ersten Mal Auflösungserscheinungen beim Feind. Das wird sofort genutzt, dabei werden Artilleriestellungen aufgerollt, Pak erbeutet, die von Bedienungen verlassen wurden. Die russische Infanterie versucht, mit bespannten und motorisierten Fahrzeugen zu fliehen, einzelne Kampfpanzer werden abgeschossen. Schon um 10.00 Uhr wird das Tagesziel Punkt 243,8 erreicht.

Einsatzbereitschaft:	3	Panzer III
	15	Panzer IV
	30	Panzer V

Der Feind scheint nach Gefangenenaussagen bereits operative Reserven eingesetzt zu haben, dabei Pakbrigaden und Panzerkorps. Nunmehr ist geplant, den Angriff weiter nach Norden Richtung OBOJAN fortzuführen und den Fluß PSEL zu überschreiten. Hierzu beginnt die Division »Großdeutschland« mit Umgliederung bzw. Herauslösen von Truppenteilen, die von Kräften der 3. Panzerdivision abgelöst werden.

Am 12.07., 15.00 Uhr, soll von Punkt 260,8 an der Rollbahn nach OBOJAN nach Norden angegriffen werden. Jetzt greifen starke Panzerkräfte mit Infanterie die ihnen übergebenen Stellungen der 3. Panzerdivision an und erzielen dort Einbrüche. Auch das II. und III. Panzergrenadierregiment »Großdeutschland« wird von Panzern und Infanterie angegriffen. Die Lage wird kritisch, da die linke Flanke bedroht ist. Die Panzer der Brigade sind inzwischen im Bereitstellungsraum eingetroffen und versorgen dort. Nach kurzem Antreten werden die Panzer angehalten und zum Gegenangriff in den Einbruchsraum auf Höhe 258,5 angesetzt, erhalten beim Distrikt TOLSTOJE vom Waldrand aus schweres Pak- und Panzerfeuer, greifen weiter an und gewinnen Höhe 258,5 zurück.

Um 17.00 Uhr folgende	8	Panzer III
Panzerlage:	22	Panzer IV
	6	Panzer VI
	25	Panzer V

Bei weiterem Angriff wird gegen 21.00 Uhr der Waldrand des Distrikts TOLSTOJE erreicht. Da die Infanterie fehlt, muß etwas ausgewichen und bei 258,5 nach Süden und Westen gesichert werden.

Panzerlage:	3	Panzer III
	20	Panzer IV
	3	Panzer VI
	43	Panzer V

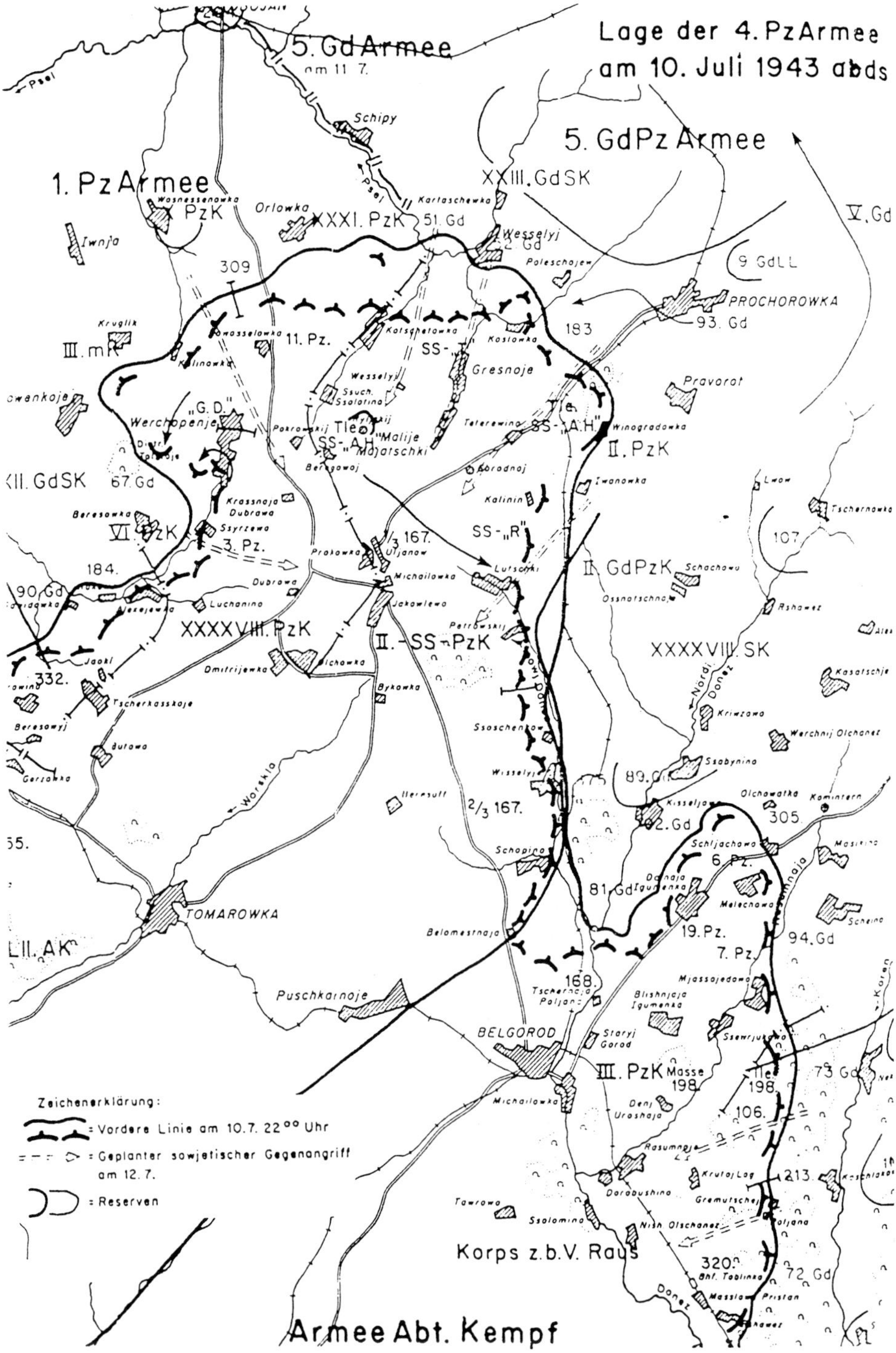

Lage der 4. PzArmee am 10. Juli 1943 abds
5. GdArmee
5. GdPz Armee
1. PzArmee
XXIII. GdSK
X PzK
XXXI. PzK
III. mK
11. Pz.
SS-„T"
SS-„A.H."
II. PzK
„G.D."
XII. GdSK
67. Gd
VI. PzK
3. Pz.
SS-„R"
II. GdPzK
XXXXVIII. PzK
II.-SS-PzK
XXXXVIII. SK
2/3 167.
1/3 167.
6. Pz.
19. Pz.
7. Pz.
III. PzK
Korps z.b.V. Raus
Armee Abt. Kempf
LII. AK
PROCHOROWKA
BELGOROD
TOMAROWKA
Zeichenerklärung:
= Vordere Linie am 10.7. 22⁰⁰ Uhr
= Geplanter sowjetischer Gegenangriff am 12.7.
= Reserven

An diesem Tage werden zahlreiche US-Panzer abgeschossen und in russischen Stellungen amerikanische Verpflegung erbeutet. Am nächsten Tag, dem 13.07., soll weiter auf Distrikt TOLSTOJE frontal angegriffen werden. Die Panzerbrigade erhebt Bedenken, da ein Frontalangriff gegen überlegenen Gegner (ca. 100 Panzer, Pak und Artillerie) hohe Verluste zur Folge hätte. Daraufhin wird die Panzergruppe nach BERRESSOWKA befohlen, um von dort westlich umholend anzugreifen. Jedoch verhindern Geländeschwierigkeiten und Regengüsse die schnelle Bereitstellung zum Angriff. Es wird aufmarschiert. I. Panzerregiment »Großdeutschland« sichert in und nördlich RAKOWO.

Panzerlage:	6 Panzer III
	24 Panzer IV
	36 Panzer V
Ausfälle:	3 Panzer V total
Erfolge:	6 Panzer, 4 sPak vernichtet

Der Angriff soll um 01.00 Uhr am 14.07. beginnen, verzögert sich jedoch etwas, da die Infanterie noch nicht heran ist. Nachdem ca. 300 eigene Kampfflugzeuge ab 04.12 Uhr den Angriff unterstützen, wird angetreten. Der Angriff trifft auf starkes Abwehrfeuer von Panzern und Pak bei Punkt 240,2 und aus den Waldrändern bei Punkt 233,3 bis Punkt 240,2. Um 13.00 Uhr wird mit Infanterie der 332. Infanteriedivision auf den DOIGIJ-Wald angetreten, nachdem vorher dorthin ein Feuerschlag eigener Werfer erfolgt ist, der vernichtende Wirkung bei der dort eingesetzten Frauen-Pak-Brigade hat. Um 13.00 Uhr wird der Angriff mit Stuka-Unterstützung fortgesetzt und die Höhe 240,2 um 16.30 Uhr genommen. Das Panzerregiment 6 der 3. Panzerdivision wird der Panzerbrigade unterstellt, um den Angriff fortzuführen, konnte aber nicht heran. Da tagsüber fast die ganze Munition verschossen wurde, hat eine Fortsetzung des Angriffs kaum Aussicht auf Erfolg. Es wird gesichert.

Panzerlage:	1 Panzer III
	23 Panzer IV
	20 Panzer V
	4 Flammpanzer
Verluste:	6 Panzer V total
	3 Panzer IV total

Erfolge:	28	T 34
	1	Sturmgeschütz 12,3 erbeutet
	16	sPak
	5	Stalinorgeln
	40	sGranatwerfer 12,2 in der Schlucht westlich 258,5 und im Distrikt TOLSTOJE (KUBASSOWSKY-Schlucht)

Am 15.07. schießt die 7. Kompanie der II. Abteilung Panzerregiment »Großdeutschland« auf Sicherung nach Westen unter Hauptmann Lex 16 T 34 ohne eigene Verluste ab. Er erhält später dafür das Ritterkreuz.

In einer Sumpfmulde zwischen WERCHOPENJE und Distrikt TOLSTOJE wird eine erhebliche Anzahl Panzer, T 34 und KW I, festgefahren und von den Besatzungen verlassen vorgefunden und erbeutet. Da die eigenen Bergemittel für den Abschub der eigenen Schadpanzer benötigt werden und deshalb dafür nicht verfügbar sind, müssen alle Beutepanzer beim Aufgeben des Geländes gesprengt werden. Hier ist wohl bei Nacht ein Panzerverband in Unkenntnis des Geländes beim Marsch zu einem neuen Einsatz voll in sein Verderben gefahren und konnte sich nicht mehr helfen.

Panzerlage um 15.00 Uhr:	1	Panzer II
	10	Panzer III
	21	Panzer IV
	23	Panzer V
	8	Flammpanzer
Erfolge:	16	T 34 vernichtet
	2	Pak, 2 LKW vernichtet

Die Instandsetzungslage der Panzer

	bis 14 Tage	über 14 Tage
	3 Panzer II	1 Panzer II
	12 Panzer III	3 Panzer III
	36 Panzer IV	8 Panzer IV
	8 Panzer VI	2 Panzer VI

Totalverlust des Panzerregiments seit 05.07.1943:

10	Panzer IV
3	Panzer III

Die Panzerbrigade sammelt im Raum WERCHOPENJE, als am 15.07. gegen 21.30 Uhr die persönliche Orientierung durch den I A der Division, Oberstleutnant von Natzmer, erfolgt: »Abbruch der Operation Zitadelle«.

Am 16.07. gegen 16.15 Uhr wird die Panzerbrigade durch die Division über die für den 18.07. geplanten Angriffsabsichten orientiert. Danach soll auf KURASSOWKA angegriffen werden.

Panzerlage	10	Panzer III
	29	Panzer IV
	5	Panzer VI
	43	Panzer V
	9	Flammpanzer

Das »Panther«-Regiment von Lauchert meldet als Erfolge: Vom 05.07.–14.07.1943 wurden vernichtet bzw. erbeutet:

263	Kampfpanzer
144	Pak
4	Panzerspähwagen
60	LKW
22	Geschütze
11	Salvengeschütze
	zahlreiche Panzerbüchsen und schwere Granatwerfer.

Am 17.07. erfolgen mehrere russische Luftangriffe mit Bombern in mehreren Wellen, Schlachtflugzeugen und Jägern. Absprachen mit den unterstellten Einheiten für den Angriff auf KURASSOWKA sowie Erkundungen werden vorgenommen. Um 12.00 Uhr wird mitgeteilt, daß der Angriff entfällt. Die ersten Vorbefehle für das Herauslösen am 18.07. und die Verlegung werden erteilt.

Panzerlage:	3	Panzer II
	14	Panzer III
	38	Panzer IV
	8	Panzer VI
	10	Flammpanzer/ 2 Panzerbefehlswagen
	44	Panzer V, dabei 3 Befehlswagen

Am 18.07. scheidet der Brigadestab und das Regiment von Lauchert mit seinen Panthern aus der Panzergrenadierdivision »Großdeutschland« aus und wird direkt dem XXXXVIII. Panzerkorps unterstellt. Die Panzerabteilung 51 wird personell am 19.07. zur Übernahme neuer Panther

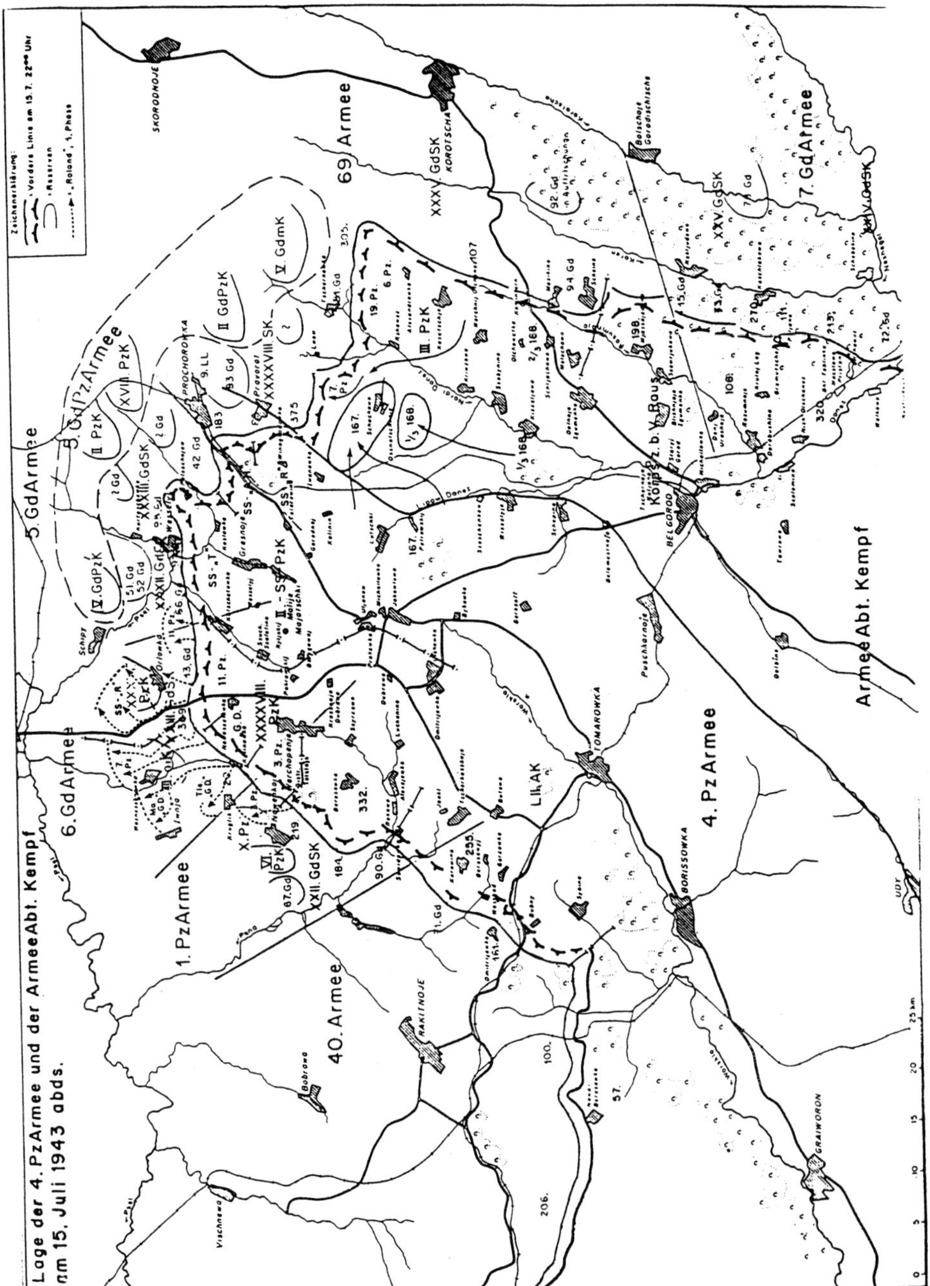
Lage der 4. PzArmee und der ArmeeAbt. Kempf
am 15. Juli 1943 abds.
6. GdArmee
5. GdArmee
5. GdPzArmee
69. Armee
7. GdArmee
1. PzArmee
40. Armee
4. PzArmee
ArmeeAbt. Kempf
SKORODNOJE
KOROTSCHA
PROCHOROWKA
BELGOROD
TOMAROWKA
BORISSOWKA
RAKITNOJE
GRAIWORON
UDY

verladen. Die noch vorhandenen Panther werden von der Panzerabteilung 52 übernommen. Die Panzerabteilung 51 hat bis zu diesem Zeitpunkt bei etwa 150 Panzerabschüssen 32 Totalverluste. Insgesamt hatte das Regiment von Lauchert bis 17.07. 43 Totalverluste an Panthern.

Die Panzerabteilung 52 kämpft weiter im Rahmen des LII. Armeekorps und später bei der 19. Panzerdivision. Personal, Fahrzeuge und Gerät der Panzerabteilung 51 werden vom 18.–21.07. in BOGODUCHOW nach BRAJANSK verladen. Dort stehen neue Panther zur Übernahme von der I. Abt./Panzerregiment 26, die von GRAFENWÖHR zugeführt wurden, zur Übernahme bereit. Die Panzerabteilung 51 übernimmt die 96 Panther-Panzer und frischt kurz auf.

Hitler hatte entschieden, daß nach der Landung der Alliierten auf Sizilien und des Ausfalls der Italiener die Ostfront Kräfte abgeben müsse. Feldmarschall Kluge und Feldmarschall von Manstein, zu Hitler gerufen, tragen vor:

Feldmarschall Kluge meldet, daß Teile der Angriffskräfte abgezogen werden müssen, um die Lage bei OREL zu stabilisieren. Angriff muß deshalb angehalten werden.

Feldmarschall von Manstein erklärt, daß die Schlacht bei der Heeresgruppe Süd auf einem entscheidenden Punkt angekommen sei; nach Erfolgen der letzten Tage gegen fast alle vom Gegner in den Kampf geworfenen Reserven liegt der Sieg und Erfolg in greifbarer Nähe. »Abbrechen des Kampfes hieße, den Sieg verschenken!« Noch ist ja ein Panzerkorps, die Reserve der Heeresgruppe Süd, nicht eingesetzt.

Hitler entscheidet: Das ganze II. SS-Panzerkorps wird herausgelöst und zwei weitere Divisionen müssen an die Heeresgruppe Mitte abgegeben werden. Eine davon ist die Panzergrenadierdivision »Großdeutschland«.

Man kann heute über die Möglichkeiten des Handelns nachdenken oder gar streiten. Generalfeldmarschall von Manstein spricht in seinem Buch von den »verlorenen Siegen«.

Der Gegner hatte im Frühjahr im Raum CHARKOW und BJELGOROD hohe Verluste an Menschen und Material erlitten, die ihn schwächten und zur Auffrischung zwangen. Alles kam bei dem Unternehmen »Zitadelle« auf die schnelle Durchführung an. Die bessere Moral der deutschen Truppe und die wendigere Führung hätten »das Gesetz des Handelns« dem Gegner aufgezwungen.

Die Verzögerungen der Durchführung und Verschiebung des Angriffstermins und der daraus folgende Ausbau der Stellungen des Gegners und seine vorausschauenden Planungen und Maßnahmen kann man mit der Ursache »zu spät« in Verbindung bringen. Sicher war aber der Hauptgrund von »Zitadelle« die Landung der Alliierten in Italien.

Die Feindseite erlebte bei der WORONESCH FRONT von General Watutin krisenhafte Tage und hatte sehr hohe Verluste. So beschreibt der sowjetische General Popjel, seinerzeit Politstellvertreter und Kommissar der 1. sowjetischen Gardepanzerarmee unter deren Oberbefehlshaber General Katukow, in seinem Buch »Panzer greifen an«, die »Zitadelle«-Angriffe wie folgt:

»Eine bisher nie gekannte Konzentration von Panzern stand vor uns. Die Taktik der Panzerkeile blieb unverändert. Aber an ihrer Spitze waren jetzt ›Tiger‘, ›Panther‹ und mächtige Sturmgeschütze getreten. Die Kanonen unserer T 34 konnten die Stirnpanzerung dieser stählernen faschistischen Kolosse nicht durchschlagen. Die Kämpfe waren beispiellos hart. Von unseren beiden Panzerjägerregimentern waren innerhalb weniger Stunden nur noch die Nummern übrig, doch ihre Namen gingen für immer in die Geschichte der 1. Panzerarmee ein.«

Tiger und Panther waren den T 34 im Panzergefecht überlegen. Die Panzer IV schossen gut und treffsicher. General Popjel, der Politstellvertreter und Kommissar der 1. Panzerarmee von General Katukow, sprach mit seinem Oberbefehlshaber Watutin und schlug vor, die T 34 einzugraben und aus teilgedeckten Stellungen die Angreifer auflaufen zu lassen. Watutin stimmte zu, jedoch Marschall Schukow, auch ein erfahrener Panzerführer, als Frontbevollmächtigter von Stalin in den Raum KURSK entsandt und mit Sondervollmachten ausgestattet, stimmte dagegen und war für eine bewegliche Gefechtsführung. Jedoch der Politstellvertreter der Front, Chrustschow, der spätere Parteichef der KPdSU, erreichte auf der Parteischiene direkt bei Stalin die Zustimmung zur Entscheidung Watutins und Katusows. Zwar kann die Verkleinerung der Zielfläche bei eingegrabenen bzw. teilgedeckt stehenden Panzern gegenüber frontal angreifenden, an Feuerkraft überlegenen Panzern einige Nachteile ausgleichen, jedoch hat auch die Ausnutzung der Beweglichkeit im Panzergefecht, insbesondere gegen Flanken und Rücken angreifender Panzerkräfte, viele Vorteile (Schukow). Die Verluste der sowjetischen Seite, insbesondere an Panzern und Geschützen, überstiegen bei »Zitadelle« sicherlich bei weitem die der Angreifer. Allein die 4. Panzerarmee im Süden vernichtete 2000 Panzer und 2000 Geschütze. Jedoch konnten die Sowjets diese Verluste leichter verkraften. Der Mangel an angreifenden Infanteriedivisionen zum Aufbrechen des dicht gestaffelten, festungsartig ausgebauten Stellungssystems sollte durch den Einsatz schwerer Panzer ausgeglichen werden. Damit wurde die Möglichkeit der Ausnutzung der Beweglichkeit der Panzer nach Durchbrechen der Stellungen frühzeitig vergeben. Zwar suchten die Panzerverbände schwache Stellen der Verteidigung, reagierten beweglich, jedoch verzögerte sich der Angriff, bei dem es auf Schnelligkeit ankam. Die vorhandene Infanterie, meist noch zu Fuß kämpfend, damals selten gepanzert, konnte im starken Feuer schlecht folgen und hatte Verluste, die die Stoßkraft minderten. Diese Gedanken nach dem »warum« bewegten nach dem Abbruch die untere Führung der Panzerverbände insbesondere im Panzerregiment »Großdeutschland«. Nach den blutigen Kämpfen und Opfern beim Unternehmen »Zitadelle« hätte man annehmen können, daß moralische Einbußen bei der Truppe entstehen würden, da hohe Angriffsenergien verausgabt worden waren. Jedoch konnte nach der Schlacht keinerlei Schwächung der Kampfkraft beobachtet werden. Das gilt besonders für das Panzerregiment »Großdeutschland«, das sofort alles daran setzte, um ein hohes Maß an Einsatzbereitschaft wieder zu erreichen.

Oberst Graf v. Strachwitz hat die schwere Aufgabe für die Panzersoldaten und die Probleme bei dieser möglichst schnellen Durchbruchsoperation vorausgesehen und diese dem Verfasser in einem persönlichen Gespräch ausgedrückt. Eigentlich verwunderlich von einem Oberst gegenüber einem Oberleutnant, den er allerdings persönlich kannte.

Trotzdem war er aber zuversichtlich hinsichtlich des Erfolges. Sicherlich haben auch die Führungsprobleme und Meinungsverschiedenheiten über den Panzereinsatz zwischen Oberst Decker, Oberst Graf v. Strachwitz, von der Division »Großdeutschland«, und dem XLVIII. Panzerkorps unter General v. Knobelsdorff eine Rolle gespielt. So wurde Oberst Decker am 06.07. zu General v. Knobelsdorff bestellt, um Rechenschaft über die Arbeit des Brigadestabes abzulegen. In der Zwischenzeit soll nach Ansicht von Oberst Decker Graf v. Strachwitz die Panzer »idiotisch« eingesetzt haben, wie er in einem Brief an Guderian schrieb. Das scheint kaum glaubhaft zu sein, denn der Panzergraf gehörte zu den erfahrensten und bewährtesten Panzerführern der Wehrmacht.

Das schnelle Zusammenstellen des Brigadestabes, das späte Erscheinen zur Offensive, die nur kurze Einweisung in die Aufgabe, mangelnde Erkundung und letztlich das noch nicht vorhandene Vertrauen zum »Panther«-Regiment von Lauchert und zwischen Brigadestab und Panzerregiment »Großdeutschland« dürften die Ursachen für manche Schwierigkeit gewesen sein. Ein lange gewachsenes Vertrauen in einer

Truppe von unten nach oben und umgekehrt ist oft das Geheimnis und die Voraussetzung besonderer Leistungen. Auch gute Führer, die die anvertraute Truppe kaum kennen, können dann manchmal wenig erfolgreich sein. Jedenfalls hing der Erfolg der Operation von einer schnellen Durchführung ab. Der Kampf der Panzer gegen einen Feind, abwehrbereit in ausgebauten Stellungen mit minengesicherten Abschnitten, und mit für Flankenangriffe bereitgehaltenen Panzerverbänden, mit ausgezeichnet schießender Artillerie, führte deshalb zu Verlusten und frühzeitigen Einbußen in der Stoßkraft der Panzerverbände.

Panzerbereitstellung Panzerregiment 39 bei »Zitadelle«, Juli 1943.

Panzer und Panzergrenadiere im Vorgehen unter Geländeausnutzung, »Zitadelle«, Juli 1943.

I-Staffel des Panzerregiments 39, v. Lauchert, an der Rollbahn bei »Zitadelle«, 1943, Panther mit Laufwerkschaden.

Nach Angriff sowjetischer Schlachtflieger in Brand geschossener LKW auf der Rollbahn, »Zitadelle«, Juli 1943.

Von Kriegsbrücke abgestürzter Panzer IV, Juli 1943.

»Stuka zu Fuß«. Munition schwerer Raketenwerfer wird verladen. »Zitadelle«, Juli 1943.

Turmtreffer an einem Panzer IV der I./Panzerregiment »Großdeutschland«. »Zitadelle«, Juli 1943.

Trotz Turmtreffer wird der Panzer IV nicht verlassen. Die Besatzung wartet am Panzer auf Bergung, Juli 1943 »Zitadelle«.

Vernichteter T 34 bei »Zitadelle«, Juli 1943.

Zerstörter US-Panzer »General Lee« aus Pacht- und Leihabkommen USA-UdSSR. »Zitadelle«, Juli 1943.

Einsatz- und Auftrags-Einweisung der Offiziere des Pz.Rgt. »GD« durch den Regimentskommandeur Oberst Hyazinth Graf Strachwitz, auch »Panzergraf« oder »Conte« genannt, Juli 1943.

13. Tiger Kp. Pz.Rgt. »GD« vor dem Angriff, »Zitadelle«, Juli 1943. Vorn schreitend Kp.Chef Hptm. Wallroth, links dahinter OLt. Dr. Fritz Stadler.

Einsatzbesprechung bei 13. Tiger Kp. Pz.Rgt. »GD« für Angriff »Zitadelle«. Hinten Hptm. Wallroth, davor OLt. Fritz Stadler von rückwärts, rechts ein Kriegsberichter mit Kamera. Juli 1943.

Lt. Zierenberg, Zugführer 13. Tiger Kp. Pz.Rg. »GD«, gef. 7.7.1943 bei Angriff »Zitadelle«.

Beisetzung von Leutnant Zierenberg, gef. 7.7.1943 bei Angriff »Zitadelle«. Er stammte aus Hildesheim.

Tiger in Brückenbelag einer Holz-Kriegsbrücke eingebrochen. Wurde von zwei 18-Tonnen-Zugmaschinen rückwärts geborgen, Juni 1943.

Tiger nach Instandsetzung bei Probefahrt in GRAIWORON, Juni 1943.

Panzerverladung in den Raum KARATSCHEW, Juli 1943.

Kämpfe bei der Heeresgruppe Mitte im Wald von Karatschew

Nachdem die Division »Großdeutschland« im WORSKLA-TAL sammelt, geht die Verladung und der Transport der Ketten-Teile in den Raum KARATSCHEW und nach BRIANSK schnell vonstatten. Die Räder-Teile marschieren zum Teil durch schweren Gewitterregen, der die Wege, die ja nicht befestigt sind, aufweicht, in den gleichen Raum. Dort hat der Feind die deutschen Linien in 30 km Breite durchbrochen und ist tief ins rückwärtige Gebiet eingedrungen. Er bedroht die Verbindungen zwischen BRJANSK, KARATSCHEW, OREL. OREL soll zunächst gehalten werden. Dort und in der Umgebung lagern große Vorräte. Der Gegner sitzt bereits im Wald vor KARATSCHEW. Sofort nach dem Ausladen tritt eine Angriffsgruppe, bestehend aus dem Panzerregiment und dem I. Panzergrenadierregiment, am 26.07.1943 auf den WYTEBJET-Abschnitt und den Ort ISMOROSNY an.

Die sowjetischen Angreifer sind Garde- und Elite-Divisionen, z.B. die Division »Rote Fahne«. Als die mit überlegenen Kräften geführten Angriffe der Sowjets auf die ersten Verbände von »Großdeutschland« treffen, wird offen gefunkt: »Vor uns »Großdeutschland«, Angriffe abbrechen.« Wald, Sumpf, Kornfelder und Ortschaften sind nicht gerade das geeignete Gefechtsfeld für Kampfpanzer. Bereits am 25.07. hatten zwei Tiger der 13. Kompanie bei einem Unternehmen zum Freikämpfen einer Verbindungsstraße geholfen. Als am 30.07. 30 Feindpanzer mit unterstützender Infanterie beim Panzergrenadierregiment angreifen, läßt die I. Abteilung des Panzerregiments diese auflaufen und schießt die Mehrzahl ab. Dabei vernichtet Oberleutnant Risch mit seinem Panzer IV allein 18 Feindpanzer. Am 03.08. beim Angriff auf ISMOROSNY auf die »gelbe Höhe« und die anderen Angriffsziele zusammen mit den Tigern und Panzern IV sowie den Panzergrenadieren werden diese genommen und fünf T 34 erledigt. Leider fällt der tapfere Oberleutnant Risch dabei. Am 02.08.1943 meldet die Division als Panzerlage:

von 84 Panzern IV	32 % einsatzbereit,
von 15 Panzern VI	33% einsatzbereit,
17 Panzer IV	in 14 Tage-Instandsetzung und
17 Panzer IV	als Totalverluste.

Inzwischen meldet sich beim Panzerregiment die mit neuen Panzern V (Panther) ausgestattete Panzerabteilung 51, die ihre Panzer von der Panzerabteilung I/26 übernommen hatte, als dem Regiment unterstellt. Der Kommandeur ist Hauptmann Pfeffer, der später von Major Glaesgen abgelöst werden wird. Die Panzerabteilung 51 hat ein Soll von 96 Panthern, eine beachtliche Stoß- und Feuerkraft bei inszwischen etwas kampferfahrenen Besatzungen und Führern. Am 04.08.1943 wird die Division durch die 8. Panzerdivision abgelöst und die Kettenfahrzeuge in BRIANSK nach ACHTYRKA verladen, während die Räder-Kfz so schnell als möglich vorausfahren.

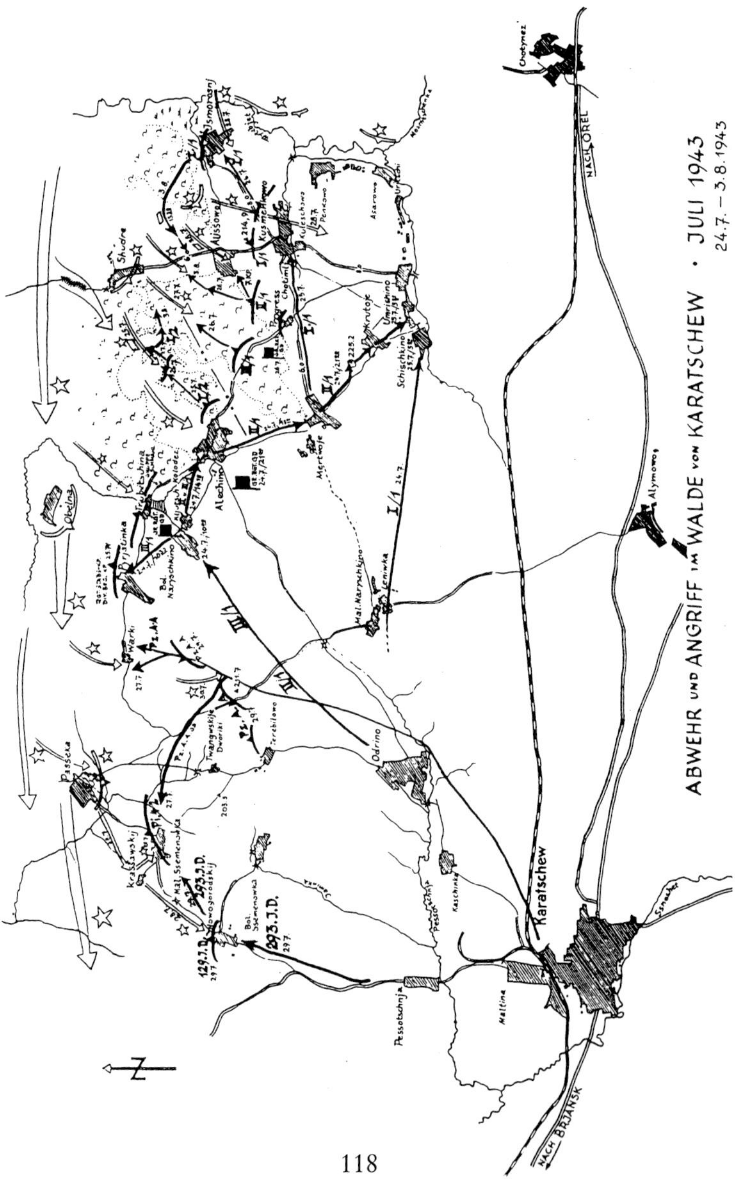

Aufstellung des III. Panzerregiments »Großdeutschland«

Schon im Frühjahr 1943 beginnt im Sennelager die Aufstellung der III. (Tiger-) Abteilung des Panzerregiments »Großdeutschland«, deren 1. Kompanie, später 9. Kompanie, schon beim Regiment im Einsatz ist.

Stellenbesetzung:

Abteilungskommandeur	Major Gomille
Adjutant	Oberleutnant Dollmann
Ordonnanzoffizier	Leutnant Kerstens
Nachrichtenoffizier	Leutnant Welke
Chef 9. Kompanie	Hauptmann Wallroth (bereits beim Regiment im Einsatz)
Zugführer	Oberleutnant Dr. Stadler
Zugführer	Leutnant Volke
Chef 10. Kompanie	Hauptmann von Villebois
Zugführer	Oberleutnant Arnold
Zugführer	Leutnant Klose
Chef 11. Kompanie	Oberleutnant Bayer
Zugführer	Oberleutnant Leussing
Zugführer	Leutnant Konrad
Zugführer	Leutnant von Waldow
S-Werkstatt-Kompanie	Oberleutnant Stinshoff

Die Gliederung der schweren Panzerabteilung zeigt folgendes Bild:

Stab/Stabskompanie	Nachrichtenzug mit drei Kampfpanzern Erkunderzug mit Krädern und VW-Schwimmwagen Pionierzug mit zwei Schützenpanzern und 4 LKW FlaZug mit drei 2-cm-Vierlings-Fla SFL Aufklärungszug mit 7 Schützenpanzern
9.-11. Kompanie	je 14 Tiger Kampfpanzer
	schwere Werkstattkompanie

Die Herkunft der Panzerbesatzungen spricht für die Qualität der Soldaten, denn die 9. Kompanie besteht aus alten »Großdeutschland«-Panzerbesatzungen, die 10. Kompanie aus Angehörigen der Panzerregimenter 30 und 31, die 11. Kompanie aus Besatzungen des Panzerregiments 18.

Die III. (Tiger-) Abteilung Panzerregiment »Großdeutschland« wird im Juli 1943 auf dem Bahnhof NEUHAUS bei PADERBORN verladen und verlegt im Blitz-Transport an die Ostfront. Jeder Transport besteht aus vier Tiger-Panzern, zwei Mannschafts- und zwei Munitionswagen. Die Verladung erfolgt auf Spezialwagen SSYMS mit 80 Tonnen Ladegewicht. Jeder Panzer führt neben seinen Einsatz-Geländeketten noch ein Paar Verladeketten mit, die in ihrem Profil schmaler sind als die breiteren Geländeketten, um das Lademaß nicht zu überschreiten. Beim Verladen zieht der Panzer zunächst seine Verladeketten vom Waggon herunter, dann werden die je drei Tonnen schweren Geländeketten ab- und die Verladeketten aufmontiert. Beim Herauffahren auf den Waggon zieht dann der Panzer die Geländeketten zwischen den Verladeketten mit hinauf. Dann wird der Panzer verkeilt und festgezurrt. Beim Abladen muß der Vorgang in umgekehrter Reihenfolge wiederholt werden.

Die Kampfpanzer Tiger besitzen die 8,8-cm-KWK, im Panzer allerdings mit elektrischer Abfeuerung. Dazu ein MG 34 als Zweitbewaffnung im Turm und ein MG 34 beim Funker. Die Geländeketten sind 70 cm breit und wiegen zusammen mehr als 6 Tonnen. Der 12-Zylinder-Maybach-Motor, der auch im Panther eingesetzt wird, leistet 700 PS, die Tanks fassen 547 Liter Benzin. Damit kann der Panzer im mittelschweren Gelände nur 40 km fahren, dann muß nachgetankt werden. Bei einem Tagesmarsch von 40 km werden von der Abteilung mehr als 24.500 Liter Benzin verbraucht, wozu noch der Bedarf der anderen Kfz hinzuzuordnen ist. Die Motorhaube kann nur von 3-4 Soldaten gleichzeitig angehoben werden. An Munition werden 90 Patronen mitgeführt, jedoch kann man 20 Schuß lose im Turm zusätzlich laden. Die Rohrbelastung der Bordkanone ist jedoch begrenzt. Das Getriebe hat acht Vorwärts- und fünf Rückwärtsgänge, gelenkt wird über ein Lenkrad, nicht mit Knüppeln wie beim Panzer IV. Die Panzerung hält vorn, von bestimmten Entfernungen abhängend, den Geschossen der 7,62-cm-Bordkanone und der 7,62 cm Pak stand, jedoch nicht den 8,5-cm-Bordkanonen der SU 85 bzw. 12,2-cm-Kanonen SU 122 Sturmgeschütze der Sowjets. Die Seiten sind schwächer gepanzert und sind die Schwachstellen der Tiger.

Kämpfe im Raum Achtyrka, Kotelwa, Oposchnja

Aber inzwischen brennt es im Raum ACHTYRKA, nachdem der Feind bei BOGODUCHOW, GRAIWORON und BORRISSOWKA durchgebrochen ist. Wieder verlegt die »Feuerwehr der Ostfront« in den gefährdeten Raum, wo inzwischen bei SSUMY die III. (Tiger-) Abteilung des Panzerregiments, aus der Heimat kommend, ausgeladen hat. Mit nunmehr drei Abteilungen des Panzerregiments »Großdeutschland« gehört die Division zu den waffenmäßig stärksten Verbänden des Heeres. Aus der früheren Infanteriedivision ist eine »Super Panzerdivision« geworden, wobei besonders der »Panzergraf«, Oberst der Reserve von Strachwitz, seinen Einfluß geltend machte. Als 4. Abteilung ist die »Panther«-Abteilung 51 dem Regiment unterstellt, eine wertvolle Verstärkung der Kampfkraft, nachdem die Panzer IV-Abteilungen durch die harten Kämpfe der letzten Wochen insbesondere auch technische Ausfälle hatten.

Die neu aufgestellte Panzerabteilung 51 wird sofort – leider nicht geschlossen – eingesetzt, zum Teil wird von den Transportzügen in den Einsatz gerollt. So wird am 09.08. die 4. Kompanie bei POROMLJA ausgeladen und greift zusammen mit vier Tigern des III. Panzerregiments »Großdeutschland« und Panzergrenadieren auf TROSTJANEZ an. Es kommt zu einem Begegnungsgefecht mit russischen Panzern, wobei eine Anzahl Feindpanzer abgeschossen wird. Ein Tiger wird beim Angriff auf ein am Wege liegendes Dorf abgeschossen. Das stark feindbesetzte Dorf wird durchstoßen und TROSTJANEZ von Süden angegriffen. Jetzt läuft der Angriff auf einen Pak-Riegel auf. Die Panzergruppe gerät in eine Falle, sie wird eingeschlossen. Die Sowjets haben Pak und Panzer herangeholt. Beim Ausbruchsversuch wird die Gruppe, die noch aus zwei Tigern und drei Panthern besteht, gestoppt. 2 Tiger, die Flankenschutz übernahmen, und zwei Panther werden abgeschossen. Lediglich ein Panther kann sich noch, genauso wie einige Besatzungsmitglieder der abgeschossenen Wagen, durch die russischen Verbände zu den eigenen Linien durchschlagen.

Aber inzwischen brennt es im Raum ACHTYRKA, wohin die Division »Großdeutschland« als Feuerwehr der Ostfront in Marsch gesetzt wird. Eine Übermacht des Feindes mit 1. Panzerarmee, 5. Garde-Panzerarmee, 5. und 6. Garde-Armee sowie 40. Armee ist am 02.08. zum Gegenangriff Zielrichtung CHARKOW-POLTAWA bei BELGOROD angetreten und hat den Durchbruch durch die deutschen Linien erzielt. Bei GRAIWORON konnten die Feindkräfte das III. Korps mit 19. Panzerdivision, 332. Infanteriedivision und 255. Jägerdivision zeitweise einschließen. Mit Eintreffen von »Großdeutschland« im Raum ACHTYRKA stabilisiert sich sofort die Lage. Die zurückgehenden eigenen Verbände, die sich bei BOL. PISSAREWKA aus dem Kessel herausgekämpft haben, werden aufgenommen, ca. 1.000 Verwundete versorgt und abtransportiert.

Nach Ordnung der Verbände und Truppenteile werden diese wieder in der Front in Stellung gebracht. Die Kampfverbände der Division »Großdeutschland« werden, so wie sie eintreffen, eingesetzt. Es kommt zu harten, wechselvollen Kämpfen mit dem scharf nachdrängenden Feind, vor allem mit Panzern. Am 09.08. stößt die I. Abteilung Panzerregiment »Großdeutschland« unter Major Pössl nach Osten vor, gerät aber in starkes Flankenfeuer und muß den weiteren Angriff einstellen, dafür fahren ganze Panzerrudel von 20-30 T 34 mit aufgesessener Infanterie an anderen Stellen ungehindert fast bis ACHTYRKA durch, wo sie abgewiesen bzw. vernichtet werden.

Südlich von ACHTYRKA ist die Lage inzwischen bedrohlich. Der Gegner ist über die WORSKLA vorgedrungen. Damit droht der Division die Einschließung auf dem Westufer der WORSKLA. Am 15.08. tritt deshalb das Panzerregiment mit der Panther-Abteilung 51, der Panzeraufklärungsabteilung »Großdeutschland« sowie anderen Verbänden zum Angriff nach Süden an. In GRUN werden mehrere SU 122-Sturmgeschütze vernichtet, weiter geht es im Angriff auf BELSK. Der Angriff trifft die Flanke des Gegners vernichtend. Leider wird bei BELSK der Tiger des Chefs der 10. Kompanie abgeschossen und Hauptmann von Villebois schwer verwundet. Nach Ablösung durch Pioniere kehrt die Angriffsgruppe nach ACHTYRKA zurück. Nun soll ein größerer Angriff zusammen mit der 7. Panzerdivsion und 10. Panzergrenadierdivision erfolgen, der die vorgestoßenen Feindkräfte bei KOTELWA im Zusammenwirken mit den von Süden angreifenden Verbänden der Waffen-SS vernichten soll. Im Angriffsraum verstärkt sich der Gegner. Genaueres über seine Absichten, insbesondere Reserven, ist nicht bekannt. Seine Zielrichtung scheint der DNJEPR zu sein. Nach Umgliederung wird am 18.08.1943 im Rahmen der Divisionen mit allen verfügbaren Panzern angetreten. Angriffsziel KAPLUNOWKA entlang der Straße ACHTYRKA-MICHAILOWKA. Leider laufen die vorausfahrenden 15 Tiger in ein Minenfeld, wodurch acht Tiger mit Kettenschäden ausfallen. Daraufhin umfährt die I. Abteilung zusammen mit dem I. (SPW) Bataillon Grenadiere das verhängnisvolle Minenfeld und kann weiter nach Südosten vorstoßen und gewinnt Punkt 181,4 nördlich KAPLUNOWKA. Der Feind flieht nach Osten und Nordosten. An der Rollbahn dagegen kommt man nach Überwinden des Minenfeldes nur langsam vorwärts. Pak-Riegel und Kampfpanzer sowie Sturmgeschütze sichern die Flanken des sowjetischen Angriffsbereichs. Man hat aus der Vergangenheit gelernt. Durch geschicktes Umgehen der Widerstandszentren des Feindes gelingt es aber, das Angriffsziel zu nehmen. Der Feind versucht jetzt jedoch, durch den überraschenden Angriff gewarnt, seine vorgeprellten Kräfte von KOTELWA abzuziehen.

Nachts wird umgegliedert. Die I. Abteilung Panzerregiment soll zusammen mit dem I. Grenadierregiment PARCHUMOWKA am 18.08. nehmen. Der Angriff wird ein voller Erfolg. Jedoch kann er nicht weiter über PARCHUMOWKA hinaus vorgetragen werden, da der linke Nachbar, die 7. Panzerdivision, noch nicht heran ist und jetzt schwerste Gegenangriffe von neu herangeführten sowjetischen Elite-Großverbänden mit Panzer-, Artillerie- und Luftwaffenunterstützung auf die Nordflanke der Angriffskräfte erfolgen. Das führt in den folgenden Tagen zu wechselvollen Abwehr-, aber auch Gegenangriffskämpfen, wobei insbesondere die Sowjets hohe Verluste an Panzern, Pak und Infanterie erleiden. Aber auch die Kampfstärke der eigenen Infanterie und Panzer wird geringer. So werden am 19.08. durch die Tiger-Abteilung zwölf Panzer und 18 Pak vernichtet, aber auch ein Tiger durch SU 122 schwer beschädigt, andere fallen beschädigt aus. Am 23.08. schießen die Panzer des Regiments 25 Feindpanzer ab. Am 26.08. werden dem Regiment sechs neue Tiger nach POTAWA zugeführt. Die III. Abteilung hat bis jetzt insgesamt 42 Panzer und 54 Pak vernichtet. Da die Werkstatt-Kompanie der Tiger-Abteilung aber noch nicht heran ist, und sich viele technische Ausfälle ergeben, sinken die Einsatzstärken. Auch neue Rohre für die ausgeschossenen KWKs werden gebraucht.

Jetzt wird die Division dem XXXXVIII. Panzerkorps, General Lemelsen, unterstellt, herausgelöst und marschiert nach zwei Tagen Auffrischung in den Raum OPOSCHNIA, später nach TEPLYI, wo sie weiter wechselvolle Gefechte mit einem überlegenen Angreifer zu bestehen hat. Gegenstöße wechseln sich mit Verteidigungsgefechten ab. Die »Feu-

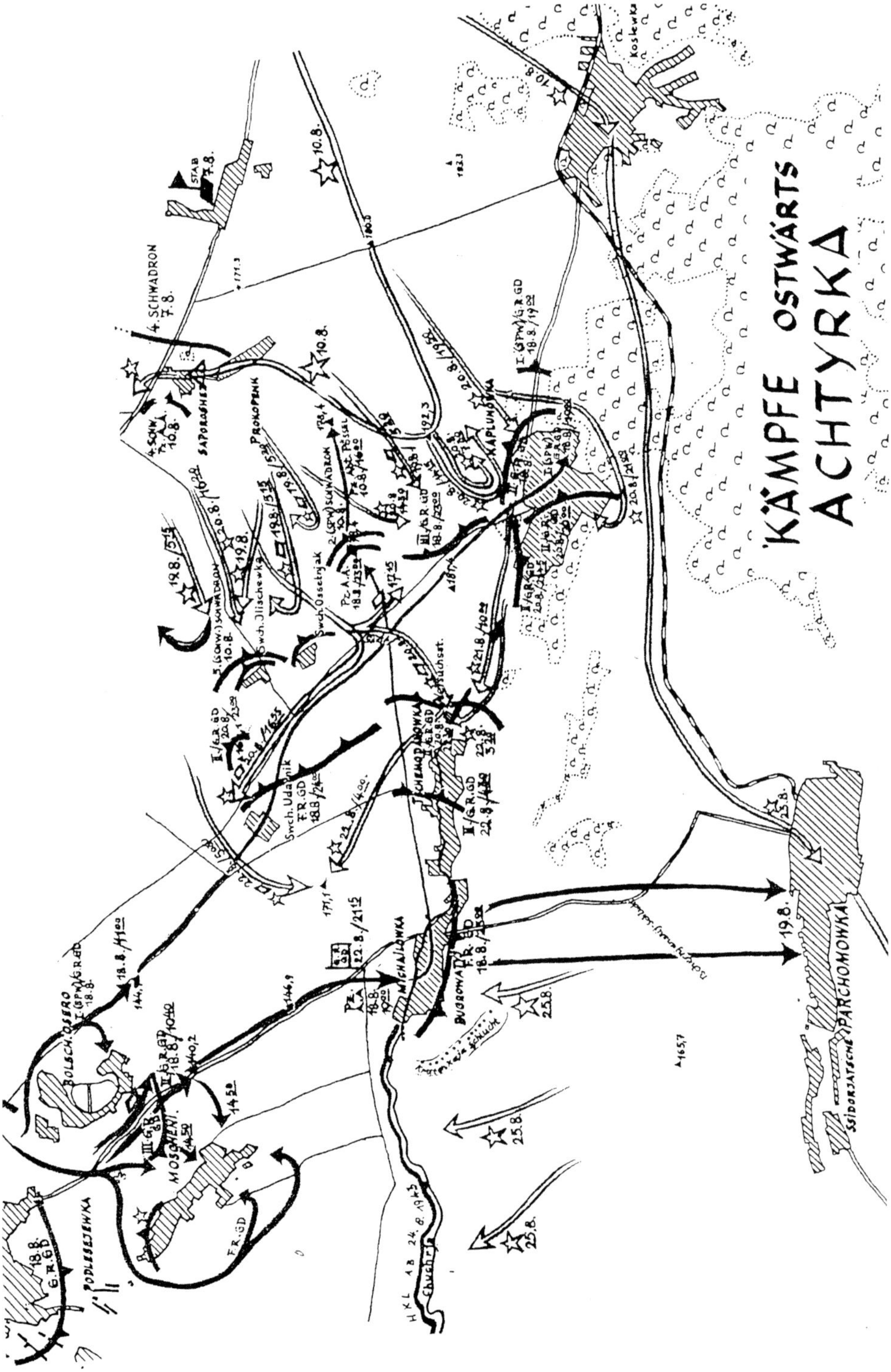
KÄMPFE OSTWÄRTS
ACHTYRKA
PARCHOMOWKA
SSIDORJATSCHE
MICHAILOWKA
BUGROWATKA
MOSCHENI
PODLESSJEWKA
BOLSCH. OSERO
KAPLUNOWKA
SAPOROSHEZ
PROKOPENK
Swch. Udarnik
Swch. Ossetnjak
Swch. Jlischewka
4. SCHWADRON
Kostewka

erwehr der Ostfront« bewährt sich erneut beim Schließen von Frontlücken, Verstärken der Abwehr und Festigung der eigenen Stellungen, wobei besonders die geschwächte Infanterie der Stütze der Panzer bedarf, denn überall greift der Feind mit Panzerunterstützung an.

Panzerlage am 08.09.1943 Panzerregiment »Großdeutschland«:

Einsatzbereit	6	Panzer III
	6	Panzer IV von 142 Soll
	3	Panzer VI
In Instandsetzung	6	Panzer III
	31	Panzer IV
	28	Panzer VI

Schon im Juli war die Panzerkompanie (FKL) Funk-Lenk-Kompanie 311, unter der Führung von Oberleutnant Schulte-Strathaus, dem Panzerregiment »Großdeutschland« und hier der III. Abteilung unter Major Gomille als Kommandeur, unterstellt worden. Sie besteht aus zehn Sturmgeschützen und den gepanzerten Ladungsträgern (B IV). Von den Sturmgeschützen werden die Ladungsträger über Funk geführt. Es sind ca. vier Tonnen schwere, gepanzerte Kettenfahrzeuge, von einem Borgwardmotor angetrieben. Sonst werden die B IV Ladungsträger von einem Fahrer bewegt. Die Kompanie kam in den wechselvollen Gefechten leider nicht zu für ihren Charakter günstigen Aufträgen. Außer einigen wenigen, dafür aber spektakulären Einsätzen waren die Erfahrungen nicht sehr günstig, da im Gelände – wenn sie nicht mehr vom Lenkpanzer eingesehen werden konnte –, die Ladungsträger kaum beobachtet und geführt werden konnten. Gegen Sperren und starke Befestigungen, sorgfältig erkundet und entsprechend vorbereitet, hätte man bessere Erfolge erzielt als im beweglich geführten Gefecht. Die Lenkpanzer wurden dann bei den Abwehrkämpfen im Herbst, der Not gehorchend, zur Verstärkung der Panzer im Panzerregiment eingesetzt.

Inzwischen treffen, von POLTAWA kommend, sechs neue Tiger beim Regiment ein; nach Eingliederung der ehemals 13. Kompanie als 9. Kompanie in die III. Abteilung verfügt diese nun über insgesamt 41 Tiger.

Das vielfache Verschieben, d.h. Hin- und Herwerfen der Verbände, um Frontlücken zu stopfen bzw. eigene Verbände in die alten Stellungen zu bringen, führt zu hohen Belastungen der Panzer und Besatzungen. So müssen nach einem Marsch von 220 Kilometern die Panzer nach dem Auftanken sofort antreten, durchstoßen bei TEPLYI starke Pak-Fronten und erreichen am 02.09. ihre Angriffsziele. Ein am 05.09. bei

OPOSHNYA geführter Gegenstoß mit elf Panzern und Sturmpionieren führt nicht zum Erfolg, da der Feind zu stark ist. OPOSHNYA wird stark umkämpft. Der angreifende Gegner wird übermächtig. Inzwischen wird alles Schadmaterial, die Trosse und Werkstätten über den DNJEPR abgeschoben bzw. zur Verlegung vorbereitet. Im Zuge dieser Maßnahmen wird auch die I. Abteilung/Panzerregiment »Großdeutschland« unter Major Pössl nach Abgabe ihrer restlichen Panzer IV in POLTAWA verladen und nach BOURGES/Frankreich transportiert, um dort mit den Panthern neu aufgestellt zu werden. Die Zahl der einsatzbereiten Panzer ist durch die dauernden Verlegungen auch der Werkstattkompanien erheblich abgesunken.

Am 08.09. einsatzbereit: 6 Panzer III
6 Panzer IV
3 Panzer VI

In Instandsetzung 14 Tage sind:
6 Panzer III
31 Panzer IV
28 Panzer VI

Im Rahmen des Verzögerungsgefechtes und zeitlich begrenzter Verteidigung der verschiedenen Verzögerungslinien kämpfen sich die Teile des Panzerregiments erfolgreich auf KREMENTSCHUG zurück.

Der Kampf um den Dnjepr. Oktober 1943

Kämpfe um die Dnjepr-Brückenköpfe und in der Ukraine 1943

Die Hoffnung, nach Übertreten des DNJEPR ausgebaute, feste Stellungen, gar mit Aufnahmetruppen besetzt, vorzufinden, zerschlägt sich genauso wie auf eine kurze Auffrischungszeit. Die Sowjets haben ein schnelles Überschreiten des Flußhindernisses und die Einnahme von KRIWOI ROG sowie einen weiteren Durchstoß auf NIKOLAJEW am Schwarzen Meer als Ziel, um die dann eingeschlossenen deutschen Verbände zu vernichten. Dazu führen sie allein fünf Armeen mit 61 Schützendivisionen und sieben Panzerdivisionen mit ca. 1000 Panzern in die Schlacht ein. Die Grabenstärke der Infanteriedivisionen auf deutscher Seite ist bis auf 1000-2000 Soldaten abgesunken, die 17 Panzer- und Panzergrenadierdivisionen im Bereich der Heeresgruppe Süd sind in ihrer gepanzerten und infanteristischen Kampfkraft ebenfalls so abgesunken, daß kaum noch Angriffskraft vorhanden ist. Bataillone werden zusammengelegt, Offiziere fehlen, so daß Gefreite schwache Kompanien führen. Allen eigenen Verbänden voraus wird eine Kampfgruppe aus Panzern, Panzergrenadieren und einer Panzerartillerieabteilung auf den feindlichen Brückenkopf über den DNJEPR bei MISCHURIN-ROG-BORODAJEWKA angesetzt. Nach Heranführen der Masse der Division wird unverzüglich zum Angriff angetreten. Dieser schlägt zunächst gegen einen überraschten Gegner durch, jedoch sind die eigenen Kräfte zu schwach, um den Brückenkopf einzudrücken, wo der Gegner sich laufend mit Pak und Panzern verstärkt. Immerhin wird BRODAJEWKA genommen, der DNJEPR erreicht und der Feindbrückenkopf wesentlich eingeengt. In Nachtangriffen versucht der Feind mit Stoßtrupps, wichtige Geländeteile gegen die schwachen eigenen Kräfte in Besitz zu nehmen. So verläßt die dort eingesetzte SS-Kavallerie-Brigade FEGELEIN wegen geringer Kampfkraft, aber besonders wegen mangelnder Moral, immer wieder ihre Stellungen und muß von »Großdeutschland«-Einheiten gestützt werden.

Inzwischen hat auch der im Panzerregiment hoch angesehene und verehrte Regimentskommandeur Graf Strachwitz das Regiment nach einer Abschiedsfeier im Offizierkorps verlassen. Nach kurzer Übergangszeit, in der das Regiment durch Major Pfeffer, Panzerabteilung 51, geführt wird, übernimmt das Regiment Oberst Büsing. Sein Adjutant wird Hauptmann Klemz.

Am 10.10.1943 trifft die III. Abteilung des Panzerregiments ein herber Verlust. Vier Tiger und ein Panther führen zusammen mit der 2. (SPW) Schwadron der Panzeraufklärungsabteilung »Großdeutschland« und Infanterie einen Gegenstoß zur Einnahme einer beherrschenden Höhe durch. Die Tiger kommen gut vorwärts, die SPW und die Infanterie können in den Sonnenblumen- und Maisfeldern nicht folgen und werden von den Panzern getrennt. Die Tiger werden eingeschlossen und können nicht mehr ausbrechen. Zeitweise besteht noch Funkkontakt, jedoch werden sie abgeschossen, wie später eigene Aufklärungsflugzeuge feststellen. Die Besatzungen mit Oberleutnant Arnold und Leutnant Volke geraten in Gefangenschaft, die nur Leutnant Volke – 1953 nach zehn Jahre dauernder Gefangenschaft zurückgekehrt – überlebt. Die Zahl der einsatzbereiten Panzer nähert sich dem Nullpunkt.

Über die Kämpfe bei Mischurin Rog am 10. Oktober 1943, berichtet Leutnant Joachim Volke, Zugführer in der 9. Kompanie der III. (Tiger)/ Pz.Rgt. GD wie folgt:

»Ein Rütteln an meinen Füßen reißt mich unsanft aus tiefem Schlaf.

‚Kommandanten zum General!‹ Verdammt, es ist ja noch nicht einmal hell !

Ein Blick auf die Uhr; kurz nach fünf ! Drei Stunden geschlafen ! Ich krabbele unter dem Panzer hervor, unter dem wir seit Monaten unser Nachtquartier bezogen, um gegen überraschende Feuerüberfälle geschützt zu sein.

Der ›Tiger‹ bietet uns mit seinen gewaltigen Ausmaßen hinreichend Platz. Fünf Männer gehören zur Besatzung: Fahrer, Funker, Richtschütze, Ladeschütze und ich, der Kommandant.

Mütze auf, das war das einzige Kleidungsstück, was wir seit Wochen zum Schlafen ablegten – und im Laufen zum Gefechtsstand. Die anderen Kommandanten sehe ich, gleich mir, dorthin eilen. Der General wartet schon. Der Brückenkopf der Russen am Westufer des Dnjepr, den wir seit einer Woche mit geringem Erfolg berennen, soll heute endgültig liquidiert werden. Ziel für uns Panzer ist eine Hügelkette – die ›Sieben Pietzen‘.

Wir sehen sie in östlicher Richtung auf der Karte. Von Süden soll eine andere Panzergruppe von der 9.Panzerdivision mit dem gleichen Ziel angreifen. Zangenangriff nennt man das. Die Instruktionen sind knapp und präzise. Fragen gibt es nicht. Zum Schluß: Mit Feindwiderstand ist kaum

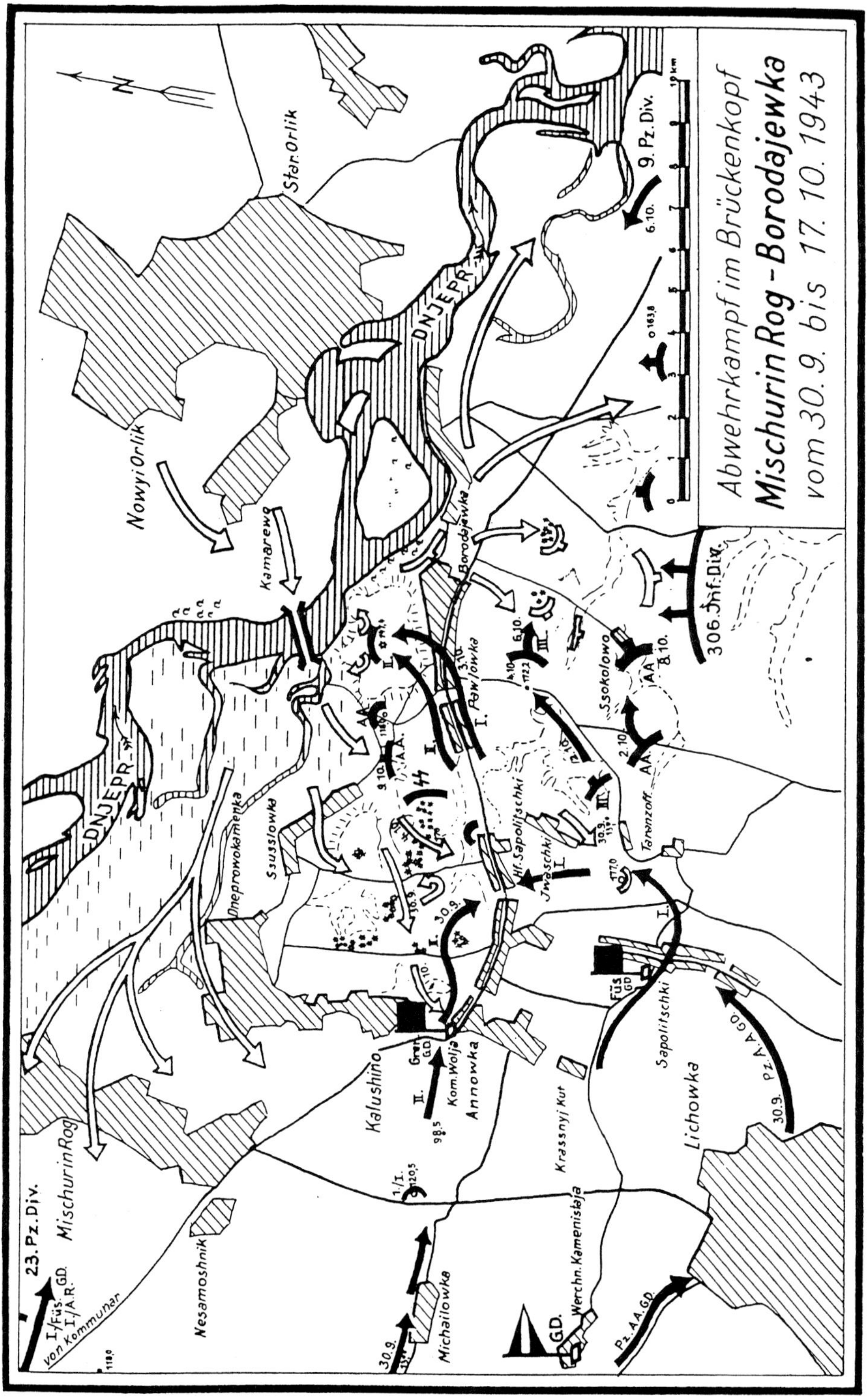

Abwehrkampf im Brückenkopf
Mischurin Rog - Borodajewka
vom 30.9. bis 17.10.1943
DNJEPR
Star. Orlik
Nowyi Orlik
Kamarewo
Borodajewka
Pawlowka
Ssusslowka
Dneprowokamenka
Hf. Sapolitschki
Jwaschki
Ssokolowo
Taranzoff.
Kalushino
Annowka
Kom. Wolja
Sapolitschki
Lichowka
Krassnyi Kut
Werchn. Kamenistaja
Michailowka
Nesamoshnik
Mischurin Rog
von Kommunar
23. Pz. Div.
9. Pz. Div.
306. Inf. Div.
Pz. AA. GD.
Pz. A.A. G.D.
Gren. GD.
Füs. GD
GD.

Leutnant Joachim Volke, Zugführer in der III. (Tiger)/Pz.Rgt.GD.

zu rechnen. Angriffsbeginn: 6 Uhr. Viel Zeit bleibt nicht.

Der Funker hat bereits Frühstück gemacht. Wir schwelgen im Augenblick in Butter. Jemand hat uns vor Tagen eine Kiste mit 25 Pfund geschenkt, und wir müssen uns ranhalten, damit sie nicht ranzig wird. Es ist schon empfindlich kalt; ich ziehe mir deshalb zwischen zweimal Abbeißen noch eine warme lange Unterhose an. Der Fahrer erzählt, er sei heute Nacht im Traum in Gefangenschaft geraten. Wir lachen.

Über uns hinweg in Feindrichtung orgeln die Granaten unserer schweren Artillerie, und wir sehen einen Schwarm Stukas abkippen, die ihre todbringende Last abladen, um unseren Angriff vorzubereiten. ›PANZER MARSCH !‹

Schwerfällig setzen sich die Kolosse in Bewegung: vier Tiger und ein Panther.

Die Sonne hat sich gerade über den Horizont geschoben, sie verspricht, den Tag schön zu gestalten. Über einen Höhenrücken hinweg wühlen sich die Panzer in ein Maisfeld hinein. Ich melde der Gefechtsleitung über Funk, daß es im Getreidefeld von russischer Infanterie wimmelt. ›Durch nichts aufhalten lassen !‹ ist die knappe Antwort. Das Maisfeld liegt hinter uns. Vor uns breitet sich eine langgezogene Senke aus, und am Horizont markieren sich die ›Sieben Pietzen‹, unser Ziel.

Mit jeweils ca. 50 Meter Zwischenraum durchqueren die Panzer in breiter Front das offene Gelände, so schnell es die Bodenverhältnisse gerade zulassen. Jetzt haben wir die Talsohle erreicht. Entfernung bis zum Fuß der Hügel gut 1000 Meter.

Plötzlich blitzt es am Fuß der ›Sieben Pietzen‹ vor uns vielfältig auf. Man muß sich vorstellen, als ob auf einen Schlag hunderte von Glühbirnen, die auf einem Brett montiert sind, unter Strom gesetzt werden und wieder verlöschen. Rund 200 Geschütze, schätze ich, schießen sich auf uns ein. Schon treffen die ersten Granaten auf den Panzer. Es dröhnt, als ob Klöppel auf eine Glocke schlagen. Sie treffen verteufelt gut. Links von uns steht der Panther in lodernden Flammen.

Keine Luke öffnet sich. Beim Tiger rechts von uns fliegt, wie von Geisterhand getragen, die Kommandantenkuppel durch die Luft – wahrscheinlich mit dem Kopf des Kommandanten. Der Panzer rast spontan zurück. Die zwei Tiger weiter rechts drehen und fahren mit Höchstgeschwindigkeit Richtung eigene Linie. Die Treffer prasseln auf den eigenen Wagen ohne Unterbrechung. Mein Sehschlitz in der Kommandantenkuppel ist von einem Geschoßaufschlag zugeschweißt.

Fahrer und Funker melden, daß auch ihre Sichtmöglichkeit behindert ist. Wir schießen mit unserer 8,8 cm Kanone in rasanter Folge – der Ladeschütze leistet Schwerstarbeit. Vereinzelte Lücken entstehen in dem Geflimmer uns gegenüber – trotzdem: es ist ein sinnloses Unterfangen. Der Richtschütze meldet den Ausfall des hydraulischen Turmschwenkwerks. Wir können nicht mehr schießen, weil sich der drei Tonnen schwere Turm im Gelände bereits bei geringer Schieflage nicht mehr von Hand bewegen läßt. Ich gebe Befehl zum Wenden. Der Motor heult. Die Granaten krepieren weiterhin auf der Panzerung – ein Höllenlärm. Die Bordsprechanlage fällt aus. Ich kann mich weder mit der Besatzung noch der Gefechtsleitung verständigen. Ich habe keine Orientierung mehr, öffne das Turmluk einen schmalen Spalt und gebe mit dem Fuß Fahrtanweisung über den Richtschützen, der schräg unter mir sitzt, an den Fahrer weiter. Fußtritt links heißt links anziehen usw. Das haben wir nie geübt, und es funktioniert trotzdem. Volle Fahrt voraus. Der Panzer schießt im 7.Gang vorwärts. 30 – 40 km/h mehr ist nicht möglich. Ob wir bald unsere Frontlinie erreichen ? Ich habe keine Ahnung wo wir uns befinden. Treffer um Treffer schlagen weiter auf den Panzer auf. Er hat gehalten, schmunzele ich grimmig. Plötzlich neigt sich der Wagen ruckartig nach vorn und rast nach unten, schlägt irgendwo hart auf und steht. Motor still, kein Geschoßaufschlag.

Lähmende Stille. Keiner spricht ein Wort. Alle wissen, unser Motor kann nie mehr anspringen. Dank des Vorwählgetriebes – Vorläufer unserer heutigen Automatik – frißt sich das Getriebe fest, wenn der Motor in einem höheren Gang als dem 3. abgewürgt wird, und wir fuhren im

7.Gang ! Wo sind die Schützenpanzerwagen, die uns in dem Angriff folgen sollten? Was ist aus den anderen Panzern geworden? Wo zum Teufel stecken wir ?

Gerade will ich das Turmluk öffnen, da zerreißt ein ohrenbetäubender Knall die Stille. Ein Geschoß ist auf der Rückseite unseres Turms detoniert.

Die Lehne meines Sitzes prallt schmerzhaft in meinen Rücken. Ich drehe mich blitzartig herum und sehe mit Entsetzen eine rotglühende Turmwand. ›Ausbooten, Handwaffen mitnehmen!‘, ist meine sofortige Reaktion. Der Ladeschütze muß dazu die runde Ausbootluke seitlich am Turm öffnen.

Drei Hebel sind umzulegen. Er zittert vor Aufregung und schafft es nicht. Alle schreien durcheinander. Rums, der nächste Treffer. Der Lukendeckel fällt nach außen. So kommen wir raus. Ladeschütze, Funker, Richtschütze, Fahrer, dann ich. Als der Fahrer kopfüber die Luke passiert, kracht der nächste Treffer auf den Wagen. Dann kriechen wir fünf in den Graben, in den der Panzer gerauscht ist – 4 Meter tief, lichte Weite oben etwa 6 Meter, an der Sohle 4 Meter breit. ›Weg vom Panzer!‘. Holze, der Fahrer, kann nicht laufen; erst jetzt bemerkt er, daß ihm vom letzten Treffer die rechte Ferse fortgerissen wurde. Ich fasse ihn unter, mühsam humpelnd stolpern wir den Graben entlang. Nach 30 Metern ist er zu Ende. Nur 30 Meter weiter, denke ich, und wir hätten den Graben passiert.

‚Ruki Werch!‹ Oben auf dem Grabenrand stehen etwa 20 Sowjets mit Gewehren im Anschlag. Das Ende? Ich sehe in die Mündung meiner Pistole. ›Ein deutscher Offizier geht nicht lebend in Gefangenschaft!‹ hämmert es in meinem Schädel. Soll ich mich schämen, daß ich nicht abdrücke? Ich ramme die Waltherpistole in den Sand.

Die anderen haben ihre Waffen auch fallen lassen. Nun werden Hände gereicht, man zieht uns nach oben. ›Dawei!‹ Zum ersten Mal höre ich diese Wort, das wohl soviel wie ›los‹ heißen soll. Die Russen treiben uns in ein nahes Wäldchen. Hier steht breitbeinig ein Russe, der nichts anderes als ein Kommissar sein kann; jedenfalls hat er das Sagen: ›SS?!‹ – faucht er uns an.

Ich rede mit Händen und Füßen, um klarzustellen, daß wir nicht zur SS gehören.

Das erweist sich als schwierig, weil ich außer ›Njet‹ kein Wort russisch kann und weil unsere schwarzen Uniformen mit den silbernen Totenköp-

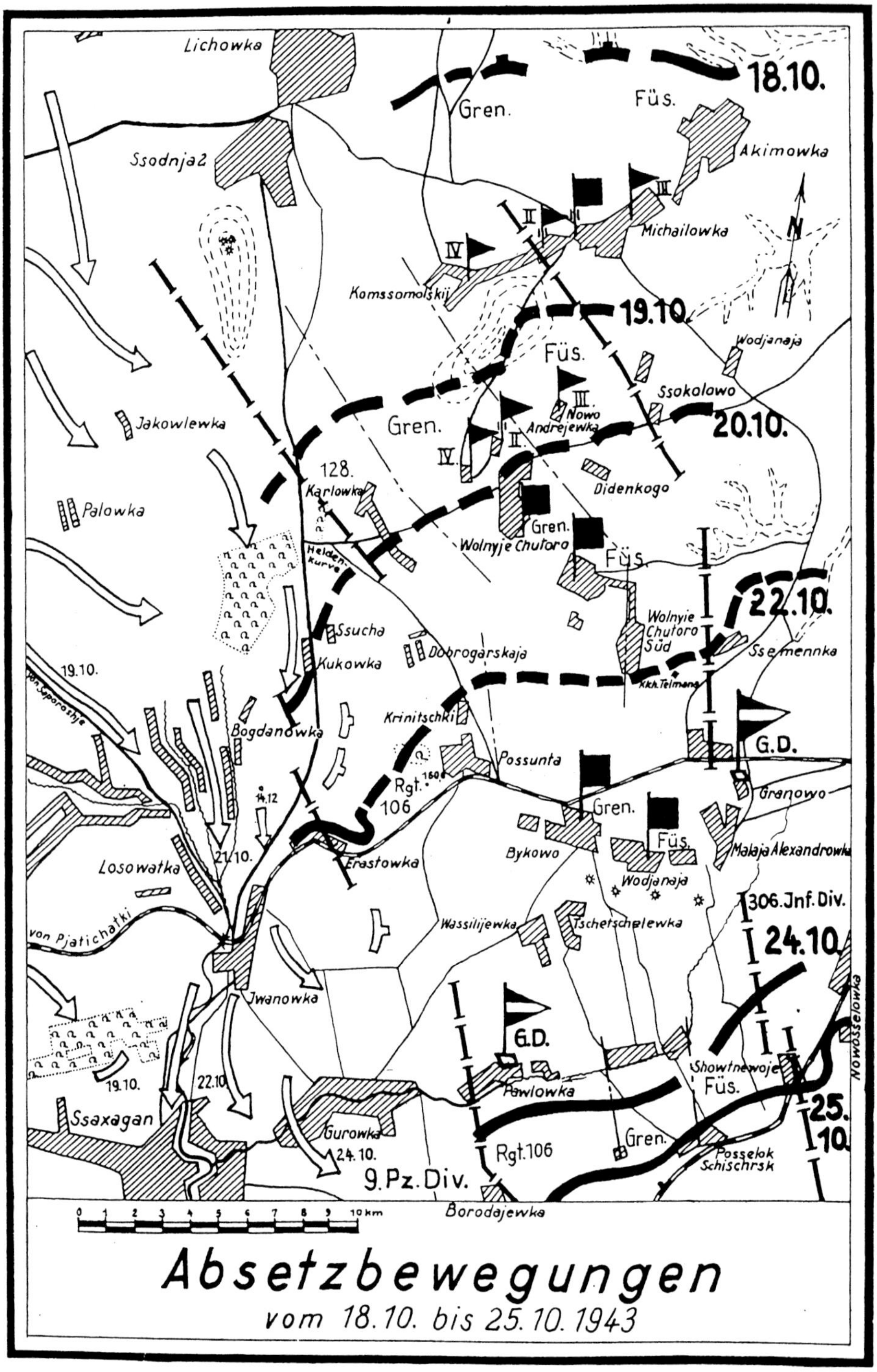

Absetzbewegungen
vom 18.10. bis 25.10.1943

fen auf den Kragenspiegeln eher für die Behauptung des Kommissars sprechen.«

So begann für den damals 19jährigen Leutnant Volke der Weg in die Gefangenschaft, zehn lange Jahre mußte er unter Stalins Willkürherrschaft leiden, bis er die Heimat wieder sah.

Panzerlage am 08.10.1943:		3	Panzer III
		3	Panzer IV
		9	Panzer VI (-5)
Panzerabteilung 51	Soll	96	Panzer V
	Einsatzbereit	18	Panzer V

Die Kämpfe im feindlichen DNJEPR-Brückenkopf lassen nicht nach. Der Feind verstärkt sich laufend und greift die schwachen eigenen, durch Panzer und Sturmgeschütze verstärkten Linien ständig mit überlegenen Kräften an. Noch halten die Verteidiger insbesondere bei KOMUNAR. Da erfolgt am 15.10. der erwartete Großangriff aus dem Brückenkopf beiderseits MISCHURIN-ROG, der schon durch seine Wucht beim ersten Anstoß den Durchbruch durch die dünnen deutschen Linien bringt. Infolge dieser tiefen Einbrüche bei den Nachbarn wird das Halten von BORODAJEWKA sinnlos und der Versuch, den feindlichen Brückenkopf zu beseitigen, zunichte gemacht. Aus diesem Brückenkopf, dessen Vernichtung der Division »Großdeutschland« fast allein als Auftrag zugeordnet war, strömen nun sowjetische Großverbände ins offene Hinterland. 14 Tage wurde ohne wesentliche Hilfe benachbarter Verbände gehalten. Am 17.10. steht der Gegner bei TARANZOFF. Die Feindspitzen drehen ein und stiften Verwirrung bei Versorgungs-, Werkstatt- und Sanitätseinheiten. In PJATICHATKI werden Verwundetenzüge in Brand geschossen. Verwundete retten sich im letzten Augenblick zu Fuß. Der Anblick, der sich Gegenstoßgruppen bietet, als sie zum Bahnhof vordringen, ist furchtbar. 10 neue Tiger für die III. Panzerregiment »Großdeutschland«, noch auf Verladeketten auf den Waggons dorthin vorgeführt, fallen in Feindeshand. Trosse, die sich aus PJATICHATKI absetzen, verlieren im Panzerfeuer eine Reihe von Fahrzeugen.

Am 19.10. fällt bei KUKOWKA ein Munitionslager von »Großdeutschland« mit ca. 220 Tonnen Munition unzerstört in Feindeshand. Die Gefahr von Einschließungen wächst. Verzweifelt kämpfen einzelne Panzer, z.B. Feldwebel Rampel, 11. Kompanie, oder kleine Kampfgruppen gegen den durchgebrochenen Feind und halten ihn auf. Offenbar ist der Durchbruch bei der links neben »Großdeutschland« angelehnten

3. Panzerdivision erfolgt. Ab 20.10. stabilisiert sich die Lage vorübergehend. Jedoch müssen die eigenen Verbände wegen der drohenden Umfassungen zurückgenommen werden. Fast 40 Panzer des Panzerregiments »Großdeutschland« müssen als Schadpanzer geborgen und zurückgeführt werden. Was auch gelingt. Die Trosse und bei der Kampfstaffel nicht benötigten Teile werden weit rückwärts bei NOWO-UKRAINKA nach PETSCHANY-BROD zurückgeführt, unterwegs kommt es zu Feindberührungen aus dem Raum KRIWOI-ROG, wo ebenfalls der Gegner durchstieß, aber bald darauf vernichtet werden konnte. So schießt ein Tiger, der in der Panzerwerkstatt zur Reparatur ist, bei einem Feindeinbruch mehrere Feindpanzer ab. Die Tat des Feldwebel Rampel der 11. Kompanie verdient besonders hervorgehoben zu werden. Eigentlich sollte er mit seinem Panzer wegen Getriebeschadens in die Werkstatt. Da er noch fahren kann, besorgt er sich von einem anderen ausgefallenen Tiger Munition und Ladeschützen, bekommt sogar noch durch eine 1 Tonnen Zugmaschine weitere Patronen, und stellt sich den angreifenden 40 Feindpanzern entgegen, nachdem eine dort in Stellung befindliche 8,8-Flak sich absetzt. Beinahe hätte er noch einen eigenen zurückfahrenden Panther abgeschossen, der in die Werkstatt mußte. Auf eine Entfernung von 1200-1500m eröffnet er das Feuer auf die angreifenden 40 T 34 und KW I, wobei jeder Schuß ein Treffer ist. Nachdem er so 17 Panzer abgeschossen hatte, sieht er weitere Ziele, nachdem die Sowjets den Angriff abbrechen und erhält Treffer im Turm und Bordkanone. Darauf rollt Rampel in die Werkstatt und übergibt die verwundeten Besatzungsangehörigen den Sanitätseinrichtungen (Hauptverbandplatz). Er selbst besaß schon das »Deutsche Kreuz in Gold«, aber fällt am 16.11.1943 bei KRIWOI-ROG und erhält danach am 17.12.1943 das Ritterkreuz. Eine Kaserne der Bundeswehr wird später nach ihm benannt.

Am 07.11. sind beim Panzerregiment noch drei Panzer IV und drei Panzer VI einsatzbereit, in 14 Tage Instandsetzung sieben Panzer III, 13 Panzer IV und 14 Panzer VI. Die Sturmgeschütze der FKL-Kompanie werden im Regiment, der Not gehorchend, längst als Panzer verwendet. Dabei wird nachts die Besatzung eines dieser Geschütze unter Führung von Leutnant Fischer, 6. Kompanie, von einem überraschenden Feindeinbruch mit T 34 im Quartier in einem Dorf geweckt. Die Besatzung springt in den Wagen, läßt den Motor an, dabei wird der Wagen von einem T 34 gerammt. Fischer fühlt plötzlich etwas Kaltes an seiner Wange; er greift zu, es ist das Rohr der Bordkanone des T 34. Der Kommandant des T 34 öffnet die Luke, Fischer erschießt ihn kaltblütig mit seiner Mpi.

Der Kommandant fällt in den Turm zurück und auf den Abzug der Bordkanone, deren Schuß in die Luft geht. Fischer löst sich mit seinem Sturmgeschütz vom T 34 und schießt ihn durch das frühere Quartierhaus hindurch ab. Er erledigt in dieser Nacht noch weitere Feindpanzer. Fischer fällt später im Juni 1944 im Kampfraum JASSY in Rumänien.

Inzwischen setzt der Herbstregen ein und lähmt auch die Bewegungen des Feindes. Die Grenadiere, insbesondere das I. Bataillon, sind stark geschwächt und werden auch hier wieder, der Not gehorchend, durch zwei Einsatzkompanien des Panzerregiments »Großdeutschland« abgelöst. Eine Kompanie stellt die Panzerabteilung 51 aus Teilen der 1. Kompanie und Panzerbesatzungen; die andere Kompanie unter Führung von Oberleutnant Velten bzw. Oberleutnant Jung – der bei diesem Einsatz zum fünften oder sechsten Mal verwundet wird –, aus ähnlichen Kompanien der II. Abteilung. Nach nur fünftägiger Infanterieausbildung lösen die Kompanien die Panzergrenadiere ablöst, wobei die Kompanie der II. Abteilung das I. Panzergrenadierbataillon »Großdeutschland« unter Hauptmann Meier ab, da Major Remer das Eichenlaub zum Ritterkreuz als 325. Soldat der Wehrmacht erhält und im Reich ist. Die Stellungen der Kompanien werden täglich, mehrfach auch nachts, angegriffen, der Feind abgewehrt, eingebrochener Feind im Gegenstoß geworfen. Geschickt werden ausgefallene MG 42 im Feuerkampf durch von Waffenmeistergehilfen instandgesetzte, bereitgehaltene Ersatz-MG 42 ersetzt.

Die Blechpatronenhülsen führen leider oft zu Hemmungen, dazu der Dreck und die schlechte Witterung. Jetzt friert es nachts, tagsüber Nebel, der die Sicht behindert. Dazu die dauernde Nässe. Die Verpflegung kommt oft kalt und unzureichend erst spät abends, wenn das dauernde Pak,- Artillerie- und Mörserfeuer etwas abflaut. Dann müssen auch die Verwundeten versorgt und die Gefallenen geborgen werden. Die Stellungen werden durch zwei Höhen mit sogenannten »Pietzen«, »KURGANE« in der Ukraine genannt, gekennzeichnet. Dort sind MG-Nester und B-Stellen, außerdem können sich die Höhen bei Feindangriffen flankieren. Überall liegen allerdings noch Minen. So fährt auch Oberleutnant Jung mit seinem SPW und einen Tiger, der zufällig vorbeikommt, auf eine Mine. Wegen der dauernden Angriffe und des schweren Feuers steigen die Verluste. So fallen z.B. von der II. Abteilung Stabsfeldwebel Reichert, Gefreiter Kreideweis, Gefreiter Plottke, Franke, Mix und Dworczak, verwundet werden Oberleutnant Jung, Unteroffizier Sommer, Gefreiter Meier. Oberleutnant Velten bleibt bei einem Einbruch überlegener Feindkräfte in der Stellung bei den Verwundeten in seinem Gefechtsstand. Der

Kompanietruppführer kann sich durchschlagen. Velten wird seitdem vermißt. Vorher soll er geäußert haben, daß er seine Stellung und die Kameraden nicht verlassen und sich gegebenenfalls erschießen wolle, um nicht in Gefangenschaft zu geraten. Oberleutnant Jung wird nach Operation im Hauptverbandplatz zunächst beim Regimentsarzt, Stabsarzt Dr. Hewel, versorgt und dann, da kaum noch Offiziere in der II. Abteilung sind, als Troßführer eingesetzt. Er führt dort, am linken Bein, linken Oberarm und Hand mehrfach verletzt, von seinem Melder kameradschaftlich unterstützt.

Nach Einbruch bei der rechts angelehnten 16. Panzergrenadierdivision muß die eigene Front zurückgenommen werden. Die Absetzbewegung verläuft zunächst planmäßig, doch stoßen die Sowjets mit starken Kräften und Panzern, auch Flammpanzern T 34, nach. Das Panzerregiment, insbesondere die Tiger-Abteilung, schießt allein am 15.11. 20 Panzer ab. Am 16.11. erledigt Oberleutnant Bayer bei LJUBIMOWKA zehn Feindpanzer, leider wird dabei der Tiger von Oberfeldwebel Rampel abgeschossen.

Einsatzbereitschaft am 07.11.1943:	2	Panzer III
	3	Panzer IV
	3	Panzer VI
In 14 Tage Instandsetzung	7	Panzer III
	13	Panzer IV
	14	Panzer VI

Die schweren, verlustreichen Kämpfe dauern an. Die Panzer-Einsatzkompanien zur Infanterieablösung sind ausgeblutet, die Stärken von je 120 Soldaten auf 20-25 Kämpfer abgesunken. Bei einem Gegenangriff bei MENSHINKA am 26.11.1943 schießt die Panzerkampfgruppe, darunter 18 Tiger, unter Major Gomille 29 T 34 ab. Dann wird auf neue Stellungen ausgewichen und die Front stabilisiert sich, nachdem der Feind hohe Verluste erlitten hat. Aber auch die eigenen Verluste sind hoch.

Schon Anfang Oktober 1943 waren die Instandsetzungsdienste des Panzerregiments, immerhin drei Instandsetzungskompanien einschließlich Panzerabteilung 51, umgegliedert worden. Instandsetzung braucht Zeit und bei Verlegungen kann nicht repariert werden. Deshalb werden zwei gemischte Instandsetzungsschwerpunkte gebildet. Ein vorderer an der Ostbahn, ein weiterer rückwärts in PESTSCHANY-BROD, auch an der Ostbahn bei NOWO-UKRAINKA. Vorn werden die leichteren, schneller durchzuführenden Arbeiten erledigt, Ersatzteile, Motoren usw.

können mit der Bahn angeliefert werden, zum rückwärtigen Stützpunkt wird Schadmaterial mit der Bahn verladen und hinten kann in Ruhe gearbeitet werden. Beide Stützpunkte verfügen zusätzlich zu den deutschen Panzer- und Kfz-Schlossern je über 300 HIWIS, russische, ausgezeichnet arbeitende Fachkräfte, die eine wesentliche Hilfe darstellen.

Ende November wird die auf der rechten Divisionsgrenze eingesetzte Panzer-Einsatz-Kompanie der II. Abteilung unter Führung von Oberleutnant Weikert bei einem Gegenstoß völlig aufgerieben. Kaum einer der tapferen, infanteristisch eingesetzten Panzermänner kommt zurück. Oberleutnant Weikert fällt dabei. Die beiden Kompanien sind jetzt völlig aufgerieben. Die letzten zwei Soldaten werden Mitte Dezember von den Grenadieren zurückgeholt. Eine in diesen Tagen mit dem Ia der Division, Oberstleutnant i.G. von Natzmer, in dieser Angelegenheit geführte Unterredung führte zu erregten Auseinandersetzungen, da die Panzermänner wertvolle, gut ausgebildete Spezialisten sind. Aber die Division muß halten. Ein Gefechtsstreifen von 9000 Metern Breite wird mit zwei Regimentern in Gesamtgrabenstärke von nur 250 Soldaten gehalten. Das I. Bataillon Grenadierregiment »Großdeutschland« z.B. hält mit 27 Soldaten zwei Kilometer Gefechtsstreifen!!

Der Ostwinter setzt in den ersten Dezembertagen mit Schnee und Kälte ein. Die Masse des Panzerregiments wird zur 13. Panzerdivision abgestellt, um dort unter Führung von Major Gomille Gegenstöße und Gegenangriffe sowie Verteidigungsgefechte im Raum KIROWOGRAD zu führen. Es bleiben nur sechs Panther der Panzerabteilung 51 unter Oberleutnant Giessen bei der Division, die auch noch die Sturmgeschützabteilung verfügbar hat.

Panzerlage am 06.12.1943:	1 Panzer IV
	2 Panzer VI
In 14 Tage Instandsetzung	5 Panzer III,
	11 Panzer IV,
	5 Panzer VI

So vergeht der Dezember. Als am 1. Weihnachtstag, dem 25.12., der Feind mit Panzern und aufgesessener Infanterie WYSSOCKYI angreift und eindringt, erfolgt sofort der Gegenstoß, unterstützt durch die Panzer des Regiments. Fünfmal wechselt der Ort seinen Besitzer, bis er in eigener Hand verbleibt. Am 31.12. sind sogar 13 Tiger verfügbar. Um und bei WYSSOCKYI wird während der nächsten Tage weiter gekämpft. Offenbar wollten die Sowjets feststellen, ob »Großdeutschland« noch in den

Stellungen vor ihnen ist. Jedenfalls behauptet das ihre Lautsprecherpropaganda, die neue, vernichtende Angriffe ankündigt. Diese erfolgen dann aber doch nicht. Dagegen werden örtliche Vorstöße geführt, die abgewiesen werden. Beim rechten Nachbarn, der 16. Panzergrenadierdivision, kommt es allerdings zu Einbrüchen, die unter hohen Verlusten abgeriegelt werden. Ein Einbruch beim Panzerfüsilierregiment kann im Gegenstoß der Panzer des Regiments unter Major Gomille bereinigt werden. Leutnant Müller fällt dabei.

So ist das Jahr 1943 gekennzeichnet durch viele Erfolge, aber auch manchen Rückschlag. Die Diskrepanz zwischen Auftrag und den verfügbaren Mitteln wird immer deutlicher. Die Kampfkraft der Bataillone entspricht der einer Kompanie, der Abteilungen entsprechend. Lediglich bei den Kampfunterstützungstruppen ist die Lage etwas günstiger. Gut ausgebildeter Ersatz kommt kaum noch nach. Die Männer sind hohlwangig und müde, durch den ununterbrochenen Einsatz abgekämpft, viele alte Kameraden sind nicht mehr da.

Trotzdem läßt man den Mut nicht sinken, das Band der Kameradschaft und das Vertrauen in die Führer gibt die Kraft für weitere Aufgaben. Es werden in den Verbänden kleine, aber kampfkräftige Gegenstoßgruppen mit Panzern, Sturmgeschützen und SFL, die sofort bei einem auch überraschenden Einbruch antreten können, gebildet. Dabei zeigt sich, daß ein flankierender Ansatz oftmals bessere Erfolgsaussichten bringt als ein frontales Angehen. Es ist eine altbewährte Osterfahrung, daß z.B. bei energischer frontaler Bindung des Gegners oder Abriegelung ein schnell geführter Stoß in den Rücken oder die tiefe Flanke der Sowjets dort zu Panik und Auflösung führt. Die eigenen Verluste sind dann auch trotz Unterlegenheit an Technik und Zahl ganz gering. Kritisch ist jedoch bei jeder Angriffshandlung, insbesondere bei Panzern, die Flankensicherung. Da auch die Zahl der verfügbaren Panzer geringer wird, kann die Flanke vor allem nicht mehr angriffsweise geschützt werden. Panther und Tiger sind im Vergleich zum T 34 große Ziele und besitzen seitlich eine geringere Panzerung. Hinzu kommt, daß die Sowjets aus ihren Fehlern gelernt haben, sofort Minenfelder verlegen, Pakfronten mit mehr als 30 Pak aufbauen und Sturmgeschütze, z.B. SU 122, als Flankensicherung einsetzen. So führen Angriffe durch Panzergrenadiere oder längere Verteidigungsgefechte mit ungeschützten Flanken auch im offenen Gelände zu schmerzhaften Verlusten bei den schwächer gewordenen Panzerverbänden. Um den Gegner die eigenen Schwächen zu verschleiern, wird deshalb oft nachts oder in hellen Nächten angegriffen, oft hilft auch das

Inbrandschießen eines Gebäudes zur Gefechtsfeldbeleuchtung. Um möglichst viel Stoß-, und Feuerkraft zu bündeln, muß leider oft auf den Flankenschutz verzichtet werden – Einsätze mit hohem Risiko. Meist ist nicht einmal eine Beobachtung oder Überwachung der Flanke möglich, denn jede Abstellung hierzu schwächt die Stoßkraft. Panzeraufklärer und gepanzerte Infanterie sind rar geworden.

Die Panzerlage am 10.01.1944 zeigt einsatzbereit:

1 Panzer III
14 Panzer IV
9 Panzer VI

Kämpfe im Raum Kirowograd und Rückzugskämpfe in der Ukraine 1944

Wegen der bedrohlichen Lage am linken Flügel der Heeresgruppe Süd und der Brückenköpfe der Sowjets beiderseits TSCHERKASSY und um KREMENTSCHUG sollen neue Reserven gebildet werden. Dazu verlegt die Division aus dem Raum KRIWOI-ROG in Richtung UMAN, Kettenteile mit der Ostbahn, Räderteile marschieren. Noch während des Herauslösens und auf dem Marsch setzt der Feind zum Durchbruchsangriff beiderseits KIROWOGRAD an. Die Division wird angehalten, um bei ROWNOJE zu versammeln. Durch die Lücke bei KIROWOGRAD, das teilweise eingeschlossen wird, strömen die Sowjets nach Südwesten, Zielrichtung der BUG bei PERWOMAISK. »Großdeutschland« soll sich diesem Feind vorlegen und die Frontlücke schließen. Wie die Verbände eintreffen, werden sie sofort zum Gegenangriff angesetzt und erkämpfen sich ihre neuen Unterkünfte und Stellungen, vor allem westlich der Rollbahn ROWNOJE-KIROWOGRAD. Die Panzer des Regiments sichern zunächst bei bitterer Kälte, nachts bis -20°C, auf den Höhen 215,2 und 202,2 ostwärts KARLOWKA. Am 09.01.1944 wird nach KARLOWKA hinein angegriffen. Es kommt zu Ortskämpfen, leider ist die Infanterie schwach. Trotzdem halten Tiger und Panzer IV bis 11.01. den Südostteil. Dann wird die Front etwas zurückgenommen und die Panzer herausgelöst. Nach Eintreffen der 14. Panzerdivision und der 376. Infanteriedivision kann die Lücke geschlossen werden. Die Angriffskraft der 2. Ukrainischen Front unter General Konew konnte unter verhältnismäßig geringen Geländeverlusten gebrochen werden. 31 sowjetische Schützendivisionen von drei Armeen sowie die Panzerkräfte der 5. Garde-Panzer-Armee bleiben im Feuer der zur letzten Aufopferung bereiten deutschen Verbände liegen. Der Abwehrerfolg hat dem Gegner derartige Verluste eingebracht, daß er eine Angriffspause einlegen muß.

Am 27.01. wird eine Kompanie Tiger unter Hauptmann Wallroth zur 11. Panzerdivision abgestellt, um dort beim Aufbrechen des Kessels von TSCHERKASSY zu helfen. Ebenfalls werden die letzten einsatzbereiten Panther der Panzerabteilung 51 dorthin entsandt. Dabei fallen der Kommandeur der Panzerabteilung 51, Major Glaesgen, aber auch der Kompaniechef der 9. »Tiger«-Kompanie, Hauptmann Wallroth und Hauptmann Lemmer. Trotz schwerster Verluste auf seiten der Sowjets und hervorragender Erfolge der »Großdeutschland«-Panzer bleibt das Opfer dieser Männer auf einem für sie fremden Kampfplatz in besonders schmerzlicher Erinnerung. Die Masse der eingeschlossenen Verbände im Kessel von TSCHERKASSY konnte dem Zugriff der Sowjets entzogen werden und dem Feind hohe Verluste an Soldaten und insbesondere Panzermaterial zugeführt werden.

Anfang Januar 1944 war der Kommandeur der III. Abteilung, Major Gomille, im Auftrag des Regimentskommandeurs, Oberst Büsing, ins Reich gesandt worden, um die Ersatzteilversorgung zu organisieren, wie der offizielle Auftrag hieß. Damals gab es einen Befehl des Generalinspekteurs der Panzertruppen, wonach Panzerbesatzungen nicht infanteristisch bzw. in anderen Verwendungen eingesetzt werden dürfen. Gomille hat bei dieser Gelegenheit, wie er nach dem Krieg glaubhaft berichtete, dem Generalinspekteur der Panzertruppen, Generaloberst Guderian, persönlich Vortrag gehalten bzw. Meldung im Auftrag des Regimentskommandeurs erstattet.

Am 27.01.1944 wird der sehr beliebte Divisionskommandeur der Panzergrenadierdivision »Großdeutschland«, Generalleutnant Walter Hoernlein, nach zweieinhalbjähriger Divisionsführung abgelöst. »Papa Hoernlein«, wie er in der Division hieß, hat wesentlich das Gesicht und Ansehen der Division geprägt, das Schicksal in allen Lagen geteilt und als alter Frontsoldat durch Energie, Tatkraft, Umsicht und in Unbeugsamkeit vor dem Feind, auch bei Überforderung durch höhere Kommandostellen, stets Vorbildliches geleistet. Er wird kommandierender General eines Armeekorps. Gerüchte gehen um, die seine Abberufung erklären sollen. So habe er bei den Kämpfen um KRIWOI-ROG ein Telegramm an das Führerhauptquartier gesandt: »Ist nur noch ›Großdeutschland‹ an der Ostfront?Hoernlein«. Andere wieder wollen von Meinungsverschiedenheiten über den Einsatz der Panzer mit dem ehemaligen Kommandeur des Panzerregiments »Großdeutschland«, von Strachwitz, wissen. Nachfolger von Generalleutnant Hoernlein wird der bei der 7. Panzerdivision bewährte Generalleutnant Hasso von Manteuffel. Er ist nur 1,56 m groß und wettet um eine Kiste Sekt, daß er jetzt der kleinste Soldat der Division wäre. Allerdings verliert er die Wette, denn im Panzerregiment wird ein noch kleinerer Soldat gefunden. Das Foto beider erscheint in der Divisionszeitung.

Nachzutragen über den »Panzergrafen« von Strachwitz ist noch, daß er nach seiner Genesung »Höherer Panzerführer« bei der Heeresgruppe Nord wird und dort spektakuläre Panzereinsätze plant und durchführt. Dort wird auch das neu aufgestellte »Führer-Begleit-Bataillon« eingesetzt. Strachwitz bewährt sich als »Kesselknacker«. Mit den ihm unterstellten Verbänden der 61. Infanteriedivision und »Feldherrnhalle« bereitet er die in dem Sumpfgelände sorgfältig geplanten Angriffe im Raum NARWA vor und führt seine Aufträge mit geringen Kräften unter geringen eigenen Verlusten sehr erfolgreich. Leutnant Famula, der sich durch besondere Kühnheit und Tatkraft auszeichnete, aber einige Tage später fällt, erhielt das Ritterkreuz. Strachwitz, der das »Gefecht der verbundenen Waffen« in Zusammenarbeit mit Infanterie, Panzergrenadieren, Pionieren, Artillerie und Luftwaffe vorbereitet und selbst vorn, wie immer bisher, führt, erhält die Brillanten, die höchste Auszeichnung der Wehrmacht. Damals erklärt er: »Im richtigen Moment das Richtige tun, das ist die Kunst des Führens. Da kommt es auf Dienstgrad und Stellung nicht an. Da muß man handeln.«

Panzerlage des Regiments am 08.02.1944:

2 Panzer III
10 Panzer IV
6 Panzer VI

Nach Abgabe und Entlassung der Panzerabteilung 51 wird dem Panzerregiment »Großdeutschland« jetzt die mit Panthern ausgerüstete I. Panzerregiment 26 unterstellt. Die trügerische Ruhe im Kampfabschnitt der Division »Großdeutschland« hält bis Anfang März an, als sich bereits Anzeichen eines baldigen Endes des Winters einstellen. Oft deckt Nebel das Land. Im Panzerregiment sind alle Vorbereitungen für ein erfolgreiches Verteidigungsgefecht getroffen, Anmarschwege, Bewegungsmöglichkeiten, Gegenangriffsstreifen sind genau erkundet, Besatzungen und Führer sind eingewiesen und eingefahren, Zusammenarbeit mit Pionieren, Grenadieren, Artillerie und Flak abgesprochen. Die Anzeichen für eine sowjetische Großoffensive verdichten sich Anfang März 1944. Am 07.03. abends alarmiert Oberst Büsing das Regiment. Am 08.03. erfolgt nun, beginnend mit einem Trommelfeuer bisher nicht gekannten Ausmaßes um 04.30 Uhr morgens mit Wirkung in ca. 12 km Tiefe, der erwartete Großangriff. Schon tags zuvor hatten die Sowjets weiter westlich und nördlich bei UMAN mit weit überlegenen Kräften angegriffen. Als Oberst Büsing in LOSOWATKA Verbindung mit Oberst Lorenz vom Grenadierregiment aufnimmt und gerade eine kurze Befehlsausgabe anfängt, trifft ein schweres Mörsergeschoß die Gruppe Soldaten, die außerhalb der Panzer sind. Leutnant Eppke fällt im Turm seines Panzers. Oberst Büsing sackt zusammen, durch einen Splitter in die Stirn getroffen. Er wird verbunden und mit Panzer sofort zum HVP gebracht, wo er gegen 11.00 Uhr, ohne das Bewußtsein wiedererlangt zu haben, stirbt. Major Gomille übernimmt die Führung. Jetzt kämpfen die Kampfgruppen der Panzer IV unter Hauptmann von Wietersheim, der Tiger-Abteilung und der I./26, aber auch Sturmgeschütze, Flakkampftrupps gegen den mit Panzermassen und Infanterie angreifenden Sowjet. Der Gegner erleidet hohe Verluste, kann aber trotz des Widerstandes tiefe Einbrüche in die eigenen Stellungen erzielen. Jedoch die Front hält auch am nächsten Tag. Allerdings kommt es zu schmerzhaften Verlusten für das Panzerregiment: zwei Panzer III, deren Besatzungen ausschließlich aus Fahnenjunkern bzw. Fähnrichen besteht, tüchtige, vorzügliche Soldaten und HJ-Führer, werden in den Gefechten abgeschossen, wobei sämtliche acht Offizier-Anwärter fallen. Sie sollten nur eine kurze Frontbewährung mitmachen und allenfalls gegen Infanterie kämpfen. Es war ihnen vorher eingeschärft und befohlen worden, sich auf keinen Fall in ein Panzergefecht mit T 34 einzulassen. Die wenigen einsatzbereiten Panzer des Regiments mußten mit erfahrenen Besatzungen besetzt werden. Auch Leutnant Pawel, gerade jung verheiratet und vom Kompanieführer-Lehrgang zurück, fällt in diesen Tagen. Alle finden ihre letzte Ruhe auf dem Kriegerfriedhof ROWNOJE in der Nähe des Hauptverbandplatzes.

Panzerlage am 09.03.1944:	3	Panzer III
	13	Panzer IV
	10	Panzer VI
	1	Panzer VI Befehlswagen
I./26	14	Panzer V (von Soll 76)

Die große Lage zwingt jedoch zu neuen Maßnahmen und Aufträgen an die Division. So ist dem sowjetischen Großangriff UMAN, nordwestlich der eigenen Stellungen, zum Opfer gefallen. Die Sowjets sind im ungehinderten Vormarsch nach Südwesten, Zielrichtung Übergang BUG, PRUTH und KARPATEN, um durch Umfassung die deutsche Südfront zum Einsturz zu bringen. Es gilt jetzt, weit westlich, nördlich KISCHINEW und nördlich JASSY, schnell eine Front gegen den Gegner aufzubauen.

Anfang März werden vom Regiment mehr als 45 Feindpanzer abgeschossen, trotzdem hält der Feinddruck weiter an. Aber am 14.03. wird

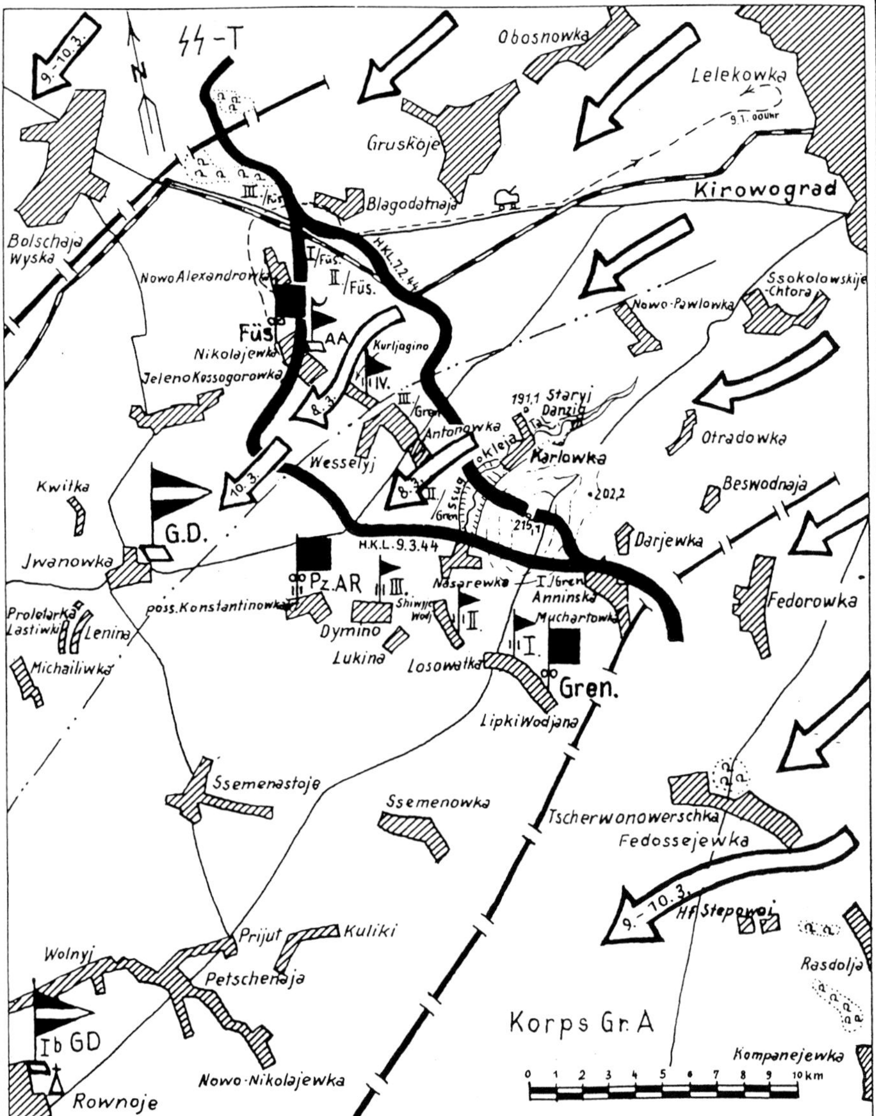

Abwehrkämpfe vor Kirowograd

vom 7.2. bis 9.3.1944

die Division herausgelöst und nach Westen in Marsch gesetzt. Am gleichen Tag werden ihre Leistungen im Wehrmachtsbericht wieder einmal besonders erwähnt. Die höher gewordene Beweglichkeit der sowjetischen Truppen in den Panzer- und Mech-Verbänden, insbesondere durch zahlreiche Panzer, aber auch Lkw und Pkw aus US-amerikanischen Lieferungen, die Betriebsstoff und Munition nachführen, aber auch Pak und Infanterie quer Beet transportieren können, macht sich jetzt bemerkbar. Panzerspitzen stehen am Ostrand der KARPATEN, Infanterie an der MOLDAU in RUMÄNIEN. Zwischen der 1. Panzerarmee im Norden und der 8. deutschen Armee klafft eine weite Lücke, in der die 2. ukrainische Front unter General Watutin nach Westen drängt. Allein vor dem linken Flügel der 8. Armee sind fünf sowjetische Armeen, dabei eine Panzerarmee, erkannt. Ihre Spitzen erreichen am 18.03. den DNJESTR bei JAMPOL. Zusätzlich dazu suchen zwei weitere sowjetische Armeen und eine Panzerarmee gegen die Nordflanke der 8. Armee einzudrehen und die 8. Armee zwischen BUG und DNJESTR zu vernichten. Noch am 06.03.1944 waren dem Panzerregiment sechs neue Tiger zugewiesen und herangeführt worden. Jetzt werden die Panzer und gepanzerten Teile im Eiltransport per Ostbahn nach Westen geworfen. Die Räderteile der Division folgen in Eilmärschen, zum Teil auf dem Bahnkörper fahrend, da die Schlammperiode einsetzt und die Rollbahn grundlos und unpassierbar macht. An den BUG-Übergängen, insbesondere bei PERWOMAISK, kommt es zu Stauungen, obwohl dort drei Brücken verfügbar sind, da der Verkehr infolge der verschlammten Wege nicht abfließen kann. Hinzu kommt Treibstoffmangel. Die Ostbahn ist überlastet. Abtransport wertvoller Güter behindert den Nachschub, Verwundetentransporte haben Vorrang. Zum schnellen Lufttransport von Soldaten werden Flugzeuge vom Typ »Gigant« eingesetzt, die auch Treibstoff heranfliegen. So kommt es, daß Panzer Luftwaffentreibstoff am Flugplatz in PERWOMAISK tanken müssen, um vorwärts zu kommen, was die Motoren bald zerstört. Werkstätten und Trosse verlegen zum Teil im Einzelmarsch. Das große Ziel heißt KISCHINEW, dort soll die Division sammeln. Jedoch der Weg ist weit. Unterwegs ist der »Heldenklau« anzutreffen, der »Großdeutschland«-Angehörige, ganz gleich, aus welcher Einheit, in Alarmeinheiten zwingt. Tatkräftige Offiziere von »Großdeutschland«, darunter auch der Ia, Oberstleutnant i.G. Natzmer, widersetzen sich erfolgreich diesen Bemühungen. Westlich PERWOMAISK an einer 10-Tonnen-Brücke über einen Nebenfluß des BUG, wollen drei Tiger unter Führung eines jungen Leutnants das Flüßchen durchwaten. Im

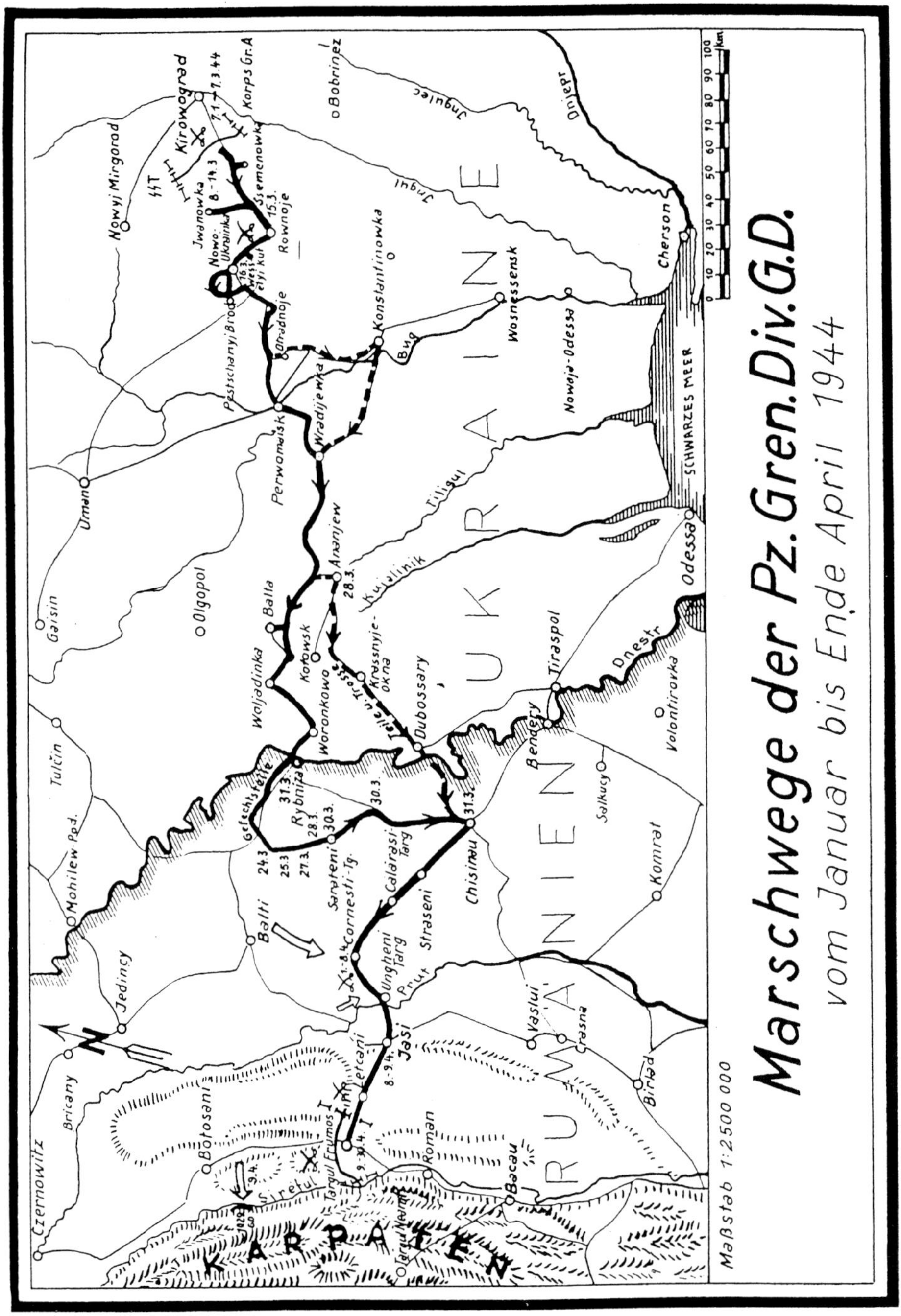

Marschwege der Pz.Gren.Div.G.D.
vom Januar bis Ende April 1944

Ufersumpf fährt sich der erste Tiger fest. Beim Abschleppversuch reißt sich der nächste Tiger das Seitenvorgelege ab. Statt jetzt aufzuhören, wird der dritte Tiger eingesetzt, auch er bleibt mit Getriebeschaden liegen. Alle drei Panzer müssen vernichtet werden. Entlang der Ostbahn hätte man leicht Richtung LJUBASCHEWKA, BALTA, RYBNIZA marschieren können. Dort kämpften inzwischen die vorausgeworfenen Teile der Division und des Panzerregiments gegen den von Norden angreifenden überlegenen Feind. Die deutsche Kampftaktik bestand Ende März im Raum RYBNIZA darin, den sowjetischen Vormarsch durch elastische Verteidigung abzunutzen und aufzuhalten, um danach mit schnell zusammengefaßten Gegenstoßgruppen den Gegner zu überraschen und zurückzuwerfen. Die Unterlegenheit läßt sich jedoch kaum ausgleichen, da auch der erforderliche Nachschub an Munition und Betriebsstoff fehlt und sich der Verlust einer leistungsfähigen Nachschubbahnlinie verheerend auswirkt. In RYBNIZA geriet zudem ein Munitionszug in Brand und detoniert. Wertvolle Munition und Lagervorräte werden dabei zerstört. Die Brücke über den DNJESTR muß am 30.03., da nutzlos, gesprengt werden. Die gut bestückten Verpflegungslager werden geräumt und die Truppe staunt, was es da noch alles gibt.

Die Panzer des Regiments kämpfen weiter westlich beweglich zusammen mit dem Füsilierregiment von RYBNIZA und versuchen dort, den Brückenkopf der Sowjets über den DNJESTR zu begrenzen, werden aber durch die starke Flankenbedrohung gezwungen, nach Süden auszuweichen. Das Regiment führt seit einigen Tagen Oberst Langkeit, seinen Adjutant, Oberleutnant Meinicke, bringt er mit. Es sind nur noch Trümmer der Panzerdivisionen, z.B. der 13. und 14. Panzerdivision, aber auch SS-T (Totenkopf), die sich den überlegen angreifenden Sowjets entgegenwerfen. Dagegen hatten die Sowjets ihre Ausfälle leicht begrenzen können. Im Jahr 1943 werden in Rußland 24.000 Panzer und Sturmgeschütze hergestellt. Dazu kamen die Lieferungen an Panzern der Engländer Mark V und USA mit Sherman-Panzern. Besonders bemerkbar machen sich aber die Lkw-Lieferungen, die als geländegängige Fahrzeuge Infanterie transportieren, Pak und Geschütze ziehen, sowie Nachschub an Munition und Betriebsstoff befördern.

Die 2. Ukrainische Front bei KIROWOGRAD verfügte über 356 Panzer, die 1. Ukrainische Front für den Angriff Richtung TSCHERNOWITZ über 1345 Panzer, die 2. Ukrainische Front für den Angriff bei UMAN Richtung BOTOSANY über 601 Panzer, also 3447 Panzer insgesamt. Trotz der Verluste verfügen die Sowjets über ausreichend Stoßkraft, um offensiv zu bleiben. Jedoch verlangsamt sich infolge der Verluste, technischen Ausfälle, mangelnden Nachschubs das Angriffstempo, aber Panzerspitzen mit Infanterie, Pak und Artillerie, unterstützt durch Luftwaffe, strömen weiter vor, wenn auch nicht mehr in kompakter Überzahl. Die Werkstätten können nicht folgen, die »RASPUTITZA«, Schlammperiode, trifft auch den Gegner. Er hat infolge des BUG-Knies bei PERWOMAISK aber Vorteile, zudem kein Hindernis bis zum DNJESTR. Um so mehr treffen die Geländeverhältnisse, Schlammperiode, den unterlegenen Verteidiger, der nur noch zu örtlichen Gegenangriffen in der Lage ist. Die höhere Geländegängigkeit der T 34, sein geringer Treibstoffverbrauch, auf der Straße 180 Liter, der JS I 210 Liter Diesel, begünstigt den Feind, während P IV 300 Liter, Panther 365 und Tiger 782 Liter Benzin (Otto) verbrauchen. Im Gelände wird oft das zwei- bis dreifache davon benötigt. Trotzdem werden die sowjetischen Vorausabteilungen abgewiesen. Als um den 20.03. sowjetische Panzer die Brücke über den DNJESTR bei RYBNIZA beschießen, werden sie durch Tiger des Panzerregiments »Großdeutschland« abgeschossen. Die eigenen Kampfgruppen unter Führung von Hauptmann von Wietersheim und Oberst Langkeit stoßen nach Nordwesten vor, um den nach Süden in die tiefe Flanke der 8. Armee vorstoßenden Feind zu stoppen, was auch gelingt. Das langsame Ausweichen, stets kämpfend nach Süden, führt bei Durchfurten der REUT zum Verlust von einem Tiger und einem gepanzerten Vierlingsflak SF 2 cm beim Versuch, einen festgefahrenen Verpflegungs-Lkw flott zu machen. Die Tiger der III. Abteilung und Panther der I./26 sowie die wenigen P IV der II. Abteilung schießen immer wieder zahlreiche Panzer ab und führen Gegenstöße. Schließlich kann die Front am CULA-Abschnitt bei PARLITI-SAT und CALARASI-TARG stabilisiert werden.

Panzerlage am 06.04.1944: 3 Panzer IV
3 Panzer VI

Die Werkstätten arbeiten Tag und Nacht in KISCHNEW, so daß bald mehr Panzer einsatzbereit werden. Inzwischen ist der Divisionsstab auch dort eingetroffen. Der Feind steht jetzt an Rollbahn und Bahnlinie KISCHINEW-JASSY. Bei schwerem Schneesturm greifen Sowjetpanzer und Infanterie nach Süden an, werden aber im Gegenstoß von Tigern, Panzern IV, Panthern und Panzergrenadieren geworfen. Dabei erleidet der Feind hohe Verluste an Soldaten und Material. Die Gruppe Manteuffel vernichtet 89 Panzer, dabei 18 durch Nahbekämpfung (Panzerfaust).

JASSY, eine 100.000 Einwohner-Stadt an der MOLDAU, an einem Seitental des PRUTH gelegen, ist nun das Ziel des sowjetischen Angriffs.

Dort scheint tiefster Frieden zu sein, sogar die Straßenbahn fährt noch. Trotzdem wirkt das schnelle Erscheinen der Sowjets in Rumänien niederschmetternd. Doch Hilfe und Rettung nahen. Am 10.04. treten die Kampfteile der Panzergrenadierdivision »Großdeutschland« unter Führung des Divisionskommandeurs, der vorn selbst führt, zum Gegenangriff in die tiefe Flanke des durchgebrochenen Gegners Richtung TARGUL-FRUMOS an. SARCA und VALEA OTLOR werden bis zum Abend genommen. Entlang der Straße wird weiter nach TARGUL-FRUMOS angegriffen. Die Panzer im Ort werden durch Tiger und Panzer IV erledigt. Oberleutnant Kollewe, Panzergrenadier, der nur sieben Soldaten in seinem SPW hat, die ganze Stärke der Kompanie, kommt dort an ein Behindernis, läßt absitzen und greift nur 1/7 stark abgesessen mit »Hurra« unter dem Feuerschutz der Panzer den Ort an. Inzwischen treffen die anderen Einheiten der Division ein, durchkämmen die Stadt und vernichten eingeschlossene Kampfteile und Trosse des Feindes. Der Einbruch wird sofort nach Norden und Westen erweitert und im Zusammenwirken mit anderen Verbänden gefestigt. Die Rollbahn ist frei und der Nachschub rollt ungehindert. So wird Ersatz an Soldaten und Panzern über BACAU nachgeführt. Die II. Abteilung erhält 22 neue Panzer IV und die III. Abteilung in mehreren Raten zehn und bis Juni 1944 weitere 16 Tiger. Am 25.04. greift das Panzerregiment mit 23 Panzern IV, drei Tigern und sechs Panthern der I./26 RUGINOASA und DUMBRAVITA an, wo starker Panzerfeind aufgeklärt ist, vernichtet 22 Panzer, 14 Pak und eine Batterie Artillerie und erbeutet mehrere Lkw mit Pak. Die Angriffsziele werden schnell und frühzeitig erreicht. Das Unternehmen verläuft ohne eigene Verluste, lediglich ein Panther wird beschädigt, der Panzerkommandant, ein Kompaniechef, verwundet. Am 27.04. wird bei einem Vorstoß der II. Abteilung bei RUGINOASA eine aus zehn T 34 bestehende feindliche Panzerkompanie im Begegnungsgefecht völlig vernichtet. Leider fällt dabei Oberleutnant von Mutius, der lange Adjutant der II. Abteilung, durch Artillerietreffer.

Hierzu berichtet Oberleutnant Jung:

»Wir bereiten uns vor zwischen Pruth und Sereth im Frühjahr 1944.

Bis Anfang April 1944 waren die 2. und 6. sowjetische Panzerarmee im Rahmen der 2. Ukrainischen Front kämpfend nach dem Durchbruch bei Uman im Vorstoß über Dnjestr und Pruth. Die Panzergrenadierdivision ›GD‹ schützte dabei angriffsweise mit Masse der verfügbaren Kräfte im Rahmen der 8. Armee die offene linke Flanke der in Richtung Bessarabien ausweichenden Heeresgruppe Südukraine. – Etwa am 5. April überführte ich teilweise im Bahntransport fünf Kampfpanzer der II./Panzerregiment ›GD‹ aus der gemischten Panzerwerkstatt in Kischinew nach Parliti-Sat. Zwei Tage später erhielt ich den Auftrag, mich unverzüglich nach Bacau in Rumänien zu begeben, um dort mit neu zugeführten 22 Panzern IV die 5.Kompanie gefechtsbereit zu machen. Bacau bot damals noch ein völlig friedensmäßiges Bild: In den Geschäften waren Dinge zu sehen, die im Reich schon lange aus den Auslagen verschwunden waren. Die Unterbringung am Nordwestrand der rumänischen Stadt bei der sehr freundlich gesinnten Bevölkerung, darunter auch Juden, war nach den Strapazen und Kämpfen der letzten Monate ungewohnt. Mit den neuen Panzern war junger Ersatz eingetroffen, der auch dringend zur Auffüllung der Panzerbesatzungen gebraucht wurde. Die 5. Kompanie führte damals Hauptmann Klemz, Oberleutnant von Mutius übernahm den II., andere Offiziere den III. und IV. Zug, während mir der erste anvertraut wurde. Dort fand ich besonders bewährte Soldaten und Kommandanten vor, die bis dahin fast alle mehr als vierzig Angriffe hinter sich hatten. Neben Kampferfahrung, guter Ausbildung und bewährten soldatischen Qualitäten waren Zuversicht und Kampfbereitschaft die Basis für absolutes gegenseitiges Vertrauen und selbstverständliche Kameradschaft. Die Tatsache langer Kampferfahrung, guter Führung und Ausrüstung sowie das Gefühl, sich aufeinander jederzeit verlassen zu können, führte zum Bewußtsein auch einem personell und materiell überlegenen Gegner immer gewachsen zu sein.

Der neue Ersatz hat sich, angespornt von der emsigen Tätigkeit aller Soldaten und Dienstgrade, schnell eingefügt. Die neuen Panzer wurden von den Besatzungen nach dem Entladen sofort zusammen mit dem I-Trupp unter Oberschirrmeister Beck und Kommandos der Panzerwerkstattkompanie überprüft und gefechtsbereit gemacht. Dabei stellte sich heraus, daß die Triebwerke von zwei Wagen durch in den Zylinderkopf eingebrachte Schraubenmuttern unbrauchbar waren und ausgetauscht werden mußten. So fielen bereits zwei Panzer zunächst aus, sie wurden später nachgeführt. Als Kommandanten im I. Zug waren mir eingeteilt: Oberfeldwebel Luithle und Hüneke, Feldwebel Heine und ein junger, aber bewährter Feldwebel (Fischer?), der aus der Panzeraufklärungsabteilung ›GD‹ kam. Zu meiner Besatzung des ›511‹ gehörten als Fahrer Unteroffizier Breuning, Richtschütze Stabsgefreiter Heinrich, Ladeschütze der Panzerschütze Schütz, während als Funker der Gefreite Schlumberger am Bug-MG saß. Bis auf Schütz, der frisch von der Ausbildung aus der Heimat kam, waren wir alle gut bekannt. Besonders Heinrich hatte bisher seinen Ruf als einer der besten Richtschützen stets gerechtfertigt. ›Seine‹ Bordkanone und ›seine‹ Waffe lagen ihm am Herzen und wurden in jeder Gefechtspause gepflegt, gereinigt oder mindestens überprüft, wobei es für ihn selbstverständlich war, erst danach an seinen Hunger oder andere Bedürfnisse zu denken. Wo immer möglich wurden alle Tätigkeiten gemeinsam zielgerichtet durchgeführt. So war auch die gemeinsame Einnahme der Mahlzeiten selbstverständlich. Hierzu hatten wir unsere fünf Teller sogar auf einem Tischtuch im Quartier, selbst wenn das Essen im Kochgeschirr abgeholt wurde. Das Leben im Einsatz ließ aber selten genug derart ›gehobene Ansprüche‹ zu. Allen war es lebenswichtige Pflicht, daß stets die volle Gefechtsbereitschaft der gesamten Einheit an erster Stelle stand. Zum Anschießen der Bordkanone wurde eine Schlucht in den Ausläufern der Karpathen erkundet. Hin- und Rückmarsch durch die Stadt dorthin sowie das Anschießen der Waffen nahmen einen vollen Tag in Anspruch. Beim Marsch stellten sich bald die Mängel an den Bremsbändern, der Lenkung unseres Panzers heraus, die unserem Fahrer Unteroffizier Breuning noch erhebliche körperliche Anforderungen abverlangen sollten. Dank seiner Erfahrung wurde er aber damit fertig. Da die Zeit drängte, wurde bald unter meiner Führung bei schönstem Vorfrühlingswetter auf fester Straße der Marsch von etwa achtzig Kilometern über Roman nach Targul-Frumos angetreten. Mit den üblichen technischen Halten verlief dieser ohne Roman. Wegen einer Brücke, die nur für 15 Tonnen Belastung zugelassen war, schien es notwendig, eine Furt zu benutzen. Der Fluß führte jedoch Frühjahrshochwasser. Um zunächst die Furt zu erkunden, fuhr ich mit dem Panzer nach Sicherung durch einen anderen Panzer unter Verbindung mehrerer Abschleppseile am Ufer in den Fluß. Bald überspülte das Wasser Kettenabdeckung und Motorraum. Eine schnelle Reaktion des Fahrers konnte ein Festfahren und Überfluten des Wagens verhindern. Im vorsichtigen Einzelmarsch wurde daraufhin doch die schwache Brücke überquert. Und siehe da, sie hielt. In Targul-Frumos wurde nach Meldung bei Abteilung und Regiment, die ebenfalls dort lagen, Quartier bezogen und sofort aufgetankt und versorgt. Führer und Unterführer waren wie stets in den nächsten Tagen unterwegs zur Erkundung von Alarmstellungen, Bewegungsmöglichkeiten, Stellungsräumen und Gegenangriffsmöglichkeiten. Das Gelände erwies sich als durchweg gut gangbar, leicht wellig, nördlich Targul-Frumos mit einzelnen Waldstücken und leicht ansteigend. Dort im Höhengelände befanden sich auch die vorgeschobenen Sicherungen der Sowjets. Die sumpfigen Ufer einiger Bäche waren zwar schwer gangbar, aber nicht unüberwindlich. Vom Klima begünstigt war dort der Weinanbau, denn der uns von den Bauern angebotene Wein schmeckte vorzüglich. Um ein Weingut im Niemandsland soll es dabei sogar zu einem ›nichtbefohlenen Unternehmen‹ gekommen sein, zum Glück ohne Folgen. Eine Erkundung führte mich zum linken Nachbarn, einem rumänischen Großverband, der personell und materiell gut ausgerüstet war, jedoch kaum Kampferfahrung hatte. Man stützte sich hauptsächlich auf die Befestigungen der rumänischen Grenze und schien wenig Aufklärung vorgetrieben zu haben, da nur spärliche Kenntnisse über den gegenüberliegenden Feind vorlagen. Während die ausgesprochen elegant auftretenden Offiziere ›gepflegt‹ tafelten, kümmerte man sich recht wenig um Unterführer und Soldaten. Vom Band fester Kameradschaft war kaum etwas zu spüren, wenn auch der einfache Soldat keinen schlechten Eindruck in Disziplin und Kampfwillen machte.

Als wir auf der Rückfahrt einen rumänischen Major im VW-Kübel mitnahmen und uns dabei eine Reifenpanne erwischte, demonstrierten der Fahrer und ich dem Major den schnellen Radwechsel ohne Wagenheber in vier Minuten: Radmuttern lösen, VW anheben, Kanister darunter stellen, Rad abziehen und Ersatzrad aufstecken, Muttern andrehen, Wagen anheben, Kanister weg und Radmuttern festziehen. Der Major kam mit dem Staunen nicht nach, offenbar hatte er derartiges noch nicht gesehen.

Am 25. April war es dann soweit, daß die neuen Besatzungsmitglieder und Panzer IV ihre Feuertaufe erhalten sollten. In der Nacht wurde aus der Unterkunft in Richtung Ruginoasa abgerückt. Die gesamte Kampfgruppe des Regiments umfaßte neben der 5. Kompanie mit zwanzig Panzern IV nur noch wenige Panzer IV der II. Abteilung und des Stabes mit dem Kommandeur, Hauptmann von Wietersheim, dazu fünf oder sechs ›Panther‹ der I./26 und zwei oder drei ›Tiger‹ unserer III. Abteilung, Regimentskommandeur Oberst von Langkeit war ebenfalls dabei.Da es stockdunkel war und ohne Licht gefahren wurde, mußte scharf aufgepaßt werden, um Unfälle zu vermeiden. Vorn bestimmten die ›Tiger‹ das Tempo, dahinter führte ich die Panzer IV, auf der Kettenabdeckung neben der Fahrerluke sitzend. Durch Zufall war das Nachtmarschgerät des ›Tigers‘, der vor uns fuhr, noch in Ordnung, so daß man den Abstand einigermaßen gut abschätzen konnte. Noch im Dunkeln wurde der Bereitstellungsraum erreicht. Während kurz nachgetankt und der Funk abgestimmt wurde, gab der Divisionskommandeur, Generalleutnant von Manteuffel, im Gelände an die versammelten Kommandeure, Chefs und

Zugführer seinen Befehl für den Angriff. Zur Feindlage war bekannt, daß erste Feindsicherungen mit Pak und einigen Panzern im Verlauf der Höhen nördlich der Straße nach Ruginoasa aufgeklärt waren. Im Ort selbst waren Panzer, Pak und Artillerie in unbekannter Stärke erkannt worden. Die Hauptstellungen des Gegners, der Verstärkungen nachführte, lagen auf den teils bewaldeten Höhen weiter nördlich.

Verfügbare Kampfteile ›GD‹ sollten den Feind in Ruginoasa angreifen und vernichten, anschließend das Höhengelände nördlich der Straße Ruginoasa-Vascani gewinnen, um gegebenenfalls kampfkräftige Aufklärung Richtung Vascani vorzutreiben. Hierzu sollten wir im Zusammenwirken mit dem Panzergrenadierregiment ›GD‘, das von Südwesten mit der Sturmgeschützbrigade ›GD‹ auf Ruginoasa angriff, zunächst die Feindsicherungen auf den Höhen nördlich der Straße nach Norden durchstoßen, anschließend in der zweiten Phase des Angriffs, nach Westen eindrehend, Ruginoasa umfassend von Osten her angreifen und nehmen. Als dritte Phase war die Weiterführung des Angriffs auf das Höhengelände bei Punkt 377 nordwestlich von Ruginoasa vorgesehen. Nach Erreichen des Angriffsziels war ein Vorstoß mit Panzern und Panzerpionieren entlang der Straße nach Vascani geplant, um die dem Feind unversehrt in die Hand gefallene Serethbrücke zu zerstören. Diese Aufgabe sollte mir zufallen. Der Angriff sollte durch Divisionsartillerie und das Geschwader Rudel mit seinen Stukas unterstützt werden. Beobachter der Artillerie, Fliegerleitoffizier, Divisions-Kommandeur und Regimentskommandeure fuhren den Angriff vorn mit. Rumänische Infanterie sollte folgen und später das gewonnene Gebiet besetzen und sichern. Die Befehlsausgabe selbst dauerte nur etwa zehn Minuten, jedes Wort war druckreif. Anschließend wurde aufgesessen, jeder hatte seine ›Fahrkarte zum Ziel‘. Kürzer ging es nicht. Die II. Abteilung im Breitkeil voraus, dahinter ›Panther‹ und ›Tiger‘, durchstießen wir schnell nach Vernichtung einiger Pak und Infanteriefeindes die sowjetischen Stellungen und drehten nach Gewinnen des Höhengeländes nach Westen ein. Oberleutnant von Mutius erhielt mit seinem Zug jetzt den Auftrag, die rechte Flanke zu schützen. Er löste diesen Auftrag angriffsweise und konnte eine Anzahl Pak vernichten, wie ich dem Funkverkehr entnahm. Bei mir im Wagen fuhr zunächst ein Kriegsberichter mit seiner Filmkamera mit, den ich aber bald, als wir den Feuerkampf führen mußten, im Turm nicht mehr brauchen konnte, worauf er noch eine ganze Weile hinter den Turm geklemmt weiterfilmte. Um besser beobachten und Zielaufklärung betreiben zu können, hatten wir die Kommandantenluke geöffnet, wobei ich auf einem Patronenkasten, unserer ›Freßkiste‹, stand. Mit der linken Hand auf der Schulter des Richtschützen lenkte und übersteuerte ich diesen. Fahrer und Funker beobachteten ebenfalls mit nach vorn. Sofort beim Heranfahren an den Höhenrücken ostwärts Ruginoasa empfing uns gut liegendes Panzer- und Pakfeuer aus dem Ort. Ich konnte etwa zehn bis fünfzehn Stellungen an den Abschüssen ausmachen, ohne jedoch den gut getarnt stehenden Gegner klar zu erkennen. Beim Beobachtungshalt konnte man eine ziemlich langgestreckte ausgedehnte Ortschaft mit weißgekalkten Bauernhäusern zwischen Gärten und Baumgruppen entlang eines Bachgrundes erkennen. Die Büsche und Bäume waren jedoch kaum begrünt. Das Gelände fiel in Richtung auf den in etwa 1500 Metern entfernten Ort leicht ab und war ohne Hindernisse.

Nun setzte pünktlich unser Artilleriefeuer ein, das jedoch wegen der großen Ausdehnung des Ortes wenig Wirkung erzielte. Dann stürzten sich die inzwischen eingetroffenen etwa zwanzig Stukas des Geschwaders Rudel auf den Feind. Nach drei Anflügen entstanden erste Brände. Qualm, Staub und Rauch schränkten etwas die Sicht ein. Jetzt erhielt ich Befehl zum Antreten und Einbruch in den Ort. Um einerseits das Feindfeuer zu zersplittern, andererseits sofort möglichst viele Rohre am Feind zu haben, wartete ich einen Moment, bis alles fertig war. Wir traten gleichzeitig mit den fünf Wagen aus der Deckung an und rollten mit Vollgas den Vorderhang unter dem Feuerschutz der anderen Panzer hinab. Dabei wurde während der Fahrt mit Bug- und Turm-MG niederhaltendes Feuer auf den Ortsrand abgegeben. Etwa 400 Meter vor den ersten Ortsteilen meldet der Fahrer: ›Ein Uhr am Ortsrand T 34!‹ Ich lasse halten und den Turm drehen, um das Ziel anzurichten. Aber bevor der Richtschütze fein nachrichten kann, hat der Gegner zurückgesetzt und ist im Ort verschwunden. Wir brechen hinterher in den nordöstlichen Teil von Dummbravita ein, vorsichtig schieben wir uns, gegenseitig sichernd, zwischen die ersten Häuser. Da, rechts von mir in einem kleinen Hohlweg, steht ein brennender T 34, offenbar von den Stukas erwischt, dahinter zwei US-Lastwagen mit angehängter Pak. Hüneke will sie mit seinem Panzer vernichten, ich kann ihn gerade noch zurückhalten. Die beiden Fahrzeuge waren wohl beim Instellungsfahren dem T 34 gefolgt und konnten nun im Hohlweg nicht mehr wenden. Ich gab Meldung über den Standort an den I-Trupp, da wir Transportraum dringend brauchten. Die Lkw haben uns dann später bis 1945 gedient. Wir fahren nun auf der Ortsstraße, vor mir Oberfeld. Luithle, je nach Lage im überschlagenden oder raupenförmigen Vorgehen. Da: rechts an einem Haus bewegt sich doch ein Strohhaufen. Offenbar schwenkt ein T 34 seinen Turm auf uns. Entfernung etwa dreißig Meter. Fast gleichzeitig feuern Luithle und ich mit unseren Bordkanonen. Nach wenigen Schüssen brennt der Iwan. Nun halten wir und beobachten, vorsichtiger geworden. Von unseren anderen Panzern ist nichts zu sehen, lediglich Hüneke steht rechts hinter mir.

Plötzlich eine starke Detonation neben uns: Der Turm des abgeschossenen T 34 fliegt, einen Feuerschweif hinter sich herziehend, über uns hinweg und landet dreißig Meter weiter im Gebüsch. Der Feindpanzer hat sich offenbar durch gleichzeitige Zündung seiner Munition in seine Einzelteile zerlegt. Beinahe hätte er uns noch erwischt...Nun aber weiter, hier ist es zu ungemütlich. Wir folgen einer Panzerspur. Da laufen zwischen den Häusern Sowjets. Ich rufe nach der Maschinenpistole. Der Ladeschütze reicht sie mir sofort, jedoch ohne Magazin. Bis das oben ist, sind die Sowjets verschwunden. Wir wollen in den Rücken der am ostwärtigen Rand des Ortes stehenden Feindkräfte und müssen dazu den Bach überschreiten. Die Brücke ist wackelig, hält aber. Die Kompanie fordert Standortmeldung, ich schieße Erkennungszeichen mit der Leuchtpistole. Einige Gespanne mit Artillerie, die sich im Galopp davon machen wollen, werden mit MG niedergekämpft. Wir rollen noch hundert Meter Richtung Westen auf der Dorfstraße jenseits des Baches und dann bietet sich ein seltenes Bild: An die zwanzig T 34 und Sturmgeschütze 85 des neuesten Typs, wie wir später feststellen, wenden uns ihr Heck oder die seitliche Rückseite zu. Sie stehen offenbar am Ortsrand im Feuerkampf mit den ›Panthern‹ und der Masse der Kompanie. In aller Ruhe wird Zielverteilung vorgenommen, so daß jeder Panzer seine drei oder vier Gegner zugewiesen erhält. Gleichzeitig wird das Feuer eröffnet, auf höchstens dreihundert Meter Entfernung gibt es keine Fehlschüsse. Nach fünf Minuten sind sämtliche Feindpanzer am ostwärtigen Rand von Ruginoasa vernichtet.

Noch ist jedoch sowjetische Infanterie im Ort. Wo sind unsere Grenadiere mit den Sturmgeschützen? Vom Westteil des Ortes höre ich Gefechtslärm, schieße Erkennungszeichen und erhalte Antwort. Nun steht plötzlich auch ein ›Tiger‹ bei uns, brennt jedoch offenbar. Die Kommandantenluke öffnet sich und heraus springt mit einer Axt bewaffnet der Chef der Neunten, Oberleutnant Dr. Fritz Stadler, ein Wiener. Unerschrocken bearbeitet er, auf dem Heck des Wagens stehend, mit seiner Axt die brennenden Decken und Ausrüstungsgegenstände und löscht so den Brand. Wir ziehen schnell vor in die Ortsmitte, der Widerstand ist fast gebrochen. An einer Straßenkreuzung mit kleinem Marktplatz, umgeben von mehreren größeren Gehöften, kämpfen Sturmgeschütze unter Oberleutnant Sturm zusammen mit Panzergrenadieren eingeschlossene Sowjets nieder, die sich hartnäckig wehren. Wir rollen durch Ruginoasa nach Norden weiter auf der Straße nach Vascani und sichern zunächst am Ortsrand. Über Funk melde ich Erfolge und erreichten Raum. Wenig später trifft der Abteilungskommandeur ein und befiehlt nach Aufschließen der anderen Panzer das erneute Antreten. Ich fahre voraus Richtung Angriffsziel, doch Hauptmann von Wietersheim befiehlt über Funk deutlich: Jung, nicht persönlich als erstes Fahrzeug! Darauf setzt sich wieder Luithle vor mich. Gerade informiere ich die Panzer der Spitze – die Masse hat den Ort noch nicht verlassen und ist dabei, Breitkeil zu formieren – über vermutete Pak-Stellungen, da eröffnet eine Feindpak das Feuer.

Zum zweiten Schuß kommt sie nicht mehr, denn sofort decken fünf Panzer sie ein. Im Ziel fliegen Einzelteile in die Gegend. Oberfeld. Hüneke fährt hin, um diese Stellung restlos zu vernichten. Nach kurzer Zeit ist ohne weiteren Widerstand das Angriffsziel gewonnen. Vom Höhenrand kann ich durch das Glas die Straße nach Vascani und die etwa zweieinhalb Kilometer entfernte Brücke gut erkennen. Irgendwelche Bewegungen und Feindsicherungen dort sind nicht auszumachen. Sämtliche Panzer IV unserer Abteilung und zwei oder drei ›Panther‹ der I./26 haben nun aufgeschlossen, der Divisionskommandeur steht mitten zwischen uns. Kein Schuß fällt mehr, dazu schönes Vorfrühlingswetter.

Der General befiehlt den Beobachter der Artillerie zu sich und läßt Einsatzreichweiten und Wirkungsmöglichkeiten melden. Wir bereiten uns vor, nun unverzüglich, ob mit oder ohne Pioniere, schnell zur Brücke vorzustoßen. Jedoch der Befehl dazu wird trotz Nachfrage nicht erteilt. Dafür erhalte ich den Auftrag, in Ruginoasa die abgeschossenen Panzer zu zählen. Der Artillerie-SPW, der gerade beim Generalpanzer stand, fährt plötzlich an und ohne erkennbaren Grund auf uns zu. Bevor noch unser Fahrer reagieren kann, prallt der SPW auf unser Laufwerk und verliert sein rechtes Vorderrad. Offenbar war der Fahrer sehr unaufmerksam oder abgelenkt. Wir lösen uns mit dem ›511‹ von der Kompanie und fahren schnell zurück. Beim Durchstreifen des Ortes sehen wir rumänische Infanterie, die den Ort besetzt und noch eingeschlossene Sowjets aus ihren Verstecken holt. Uns begegnet Oberst Lorenz, Kommandeur der Panzergrenadiere ›GD‘, mit seinem MTW. Ich melde meinen Auftrag. Die Beute-Pak 7,62 mit Munition nimmt er gern für sein Regiment. Wir zählen 22 durch uns abgeschossene Feindpanzer. Die Nacht verbringen wir unter Abstellung der notwendigen Sicherungen in Ruginoasa. Es wird versorgt und aufmunitioniert, die Waffen werden gereinigt und überprüft. Die bäuerliche Bevölkerung begrüßt uns mit überschäumender Dankbarkeit. Besonders die Frauen hatten Unmenschliches während der kurzen Besetzung durch die Sowjets erdulden müssen. Wir erhalten im Quartier ein Festessen. Als wir am nächsten Tag abrücken, gibt man uns auch Verpflegung für die nächsten Tage mit.

Bereits zwei Tage später werden wir in der Nacht zum 27. April alarmiert. Die II. Abteilung rückt mit den Panzern IV wieder Richtung Ruginoasa aus. Die Rumänen sollen die Ortschaft nach sowjetischem Angriff geräumt haben und auf ihre betonierten Befestigungen ausgewichen sein. Nach zehn Kilometern entwickeln wir uns beim ersten Büchsenlicht in dem uns schon gut bekannten Gelände beiderseits der Straße nach Ruginoasa, links von uns die Bahnlinie, zum gewohnten Breitkeil und spähen angespannt in die Dämmerung. Da meldet Oberfeld. Luithle, der immer alles zuerst erkennt, im Funk: »Vor uns 600 Meter T 34!« Er schießt selbst sofort. Nach kurzer Zielansprache feuert auch mein Richtschütze und trifft wie immer mit dem ersten Schuß. Noch ein Treffer hinterher, Zielwechsel nach rechts. Nach zwei Minuten brennen die neun uns entgegenkommenden T 34, ohne selbst auch nur einen Schuß abgegeben zu haben. Offenbar sind die Besatzungen auch früh aufgestanden, haben aber nicht genügend Gefechtsaufklärung und Gefechtsfeldbeobachtung betrieben. Beinahe hätten sie uns im Aufmarschhalt erwischt. Wir rollen wieter auf den ostwärtigen Ortsrand zu. Das Dorf ist zwar von rumänischer Infanterie frei, aber nicht feindbesetzt. Mich faßt ein menschliches Rühren und ich lasse den Panzer an einem Strohschober halten, während die Kameraden entlang des Ortes weiterrollen. Plötzlich fährt ein T 34 mit Vollgas auf fünfzig Meter an uns vorbei mitten durch die eigenen Panzer nach Norden und sucht sein Heil in der Flucht, anstatt von hinten in das Gefecht einzugreifen. Er wird sofort abgeschossen. Die Abteilung verhält kurz auf dem nördlich Ruginoasa ansteigenden Gelände. Inzwischen legt die feindliche Artillerie gut liegende Feuerschläge zwischen uns. Oberleutnant von Mutius erhält einen Treffer auf das Leitrad seines Panzers und fällt dabei durch Splitter, da er sich gerade außerhalb des Wagens befindet: Wieder haben wir einen tapferen, guten Kameraden, der lange Abteilungsadjutant gewesen ist, verloren. Wir erhalten den Auftrag, weiter gegen Höhe 372 links umfassend vorzugehen. Mit unseren fünf Panzern treten wir sofort an. Als wir die sowjetischen Infanteriestellungen erreichen, langsamer den ansteigenden

Hang hinauffahren und fast die Höhe gewonnen haben, erhalten wir Panzerfeuer aus der offenen rechten Flanke. Der etwa fünfzig Meter rechts vorwärts fahrende Panzer Luithle erhält einen Turmtreffer. Der Panzer brennt sofort, Fahrer und Funker booten aus und gehen in Deckung. Die Turmbesatzung hat es offenbar erwischt, die schwache Panzerung ist an beiden Seiten durchschlagen. Nach zehn Sekunden zieht sich der offenbar schwer verwundete Kommandant aus dem Turmluk und läßt sich sofort nach hinten abrollen, kriecht in Deckung und hat noch die Energie, sich trotz schwerer Verbrennungen und Verletzungen selbst das Bein mit dem Hosenriemen abzubinden. Er wird bald geborgen. Wir haben sofort etwas zurückgesetzt und beobachten angestrengt. Wenn wir weiter vorfahren, bieten wir nur unsere offene Flanke und werden abgeschossen. Das sieht auch der Abteilungskommandeur ein und untersagt ein weiteres Vorgehen. Im Bordsprech frage ich meinen Fahrer, Breuning, ob er freiwillig mitkommen will, um den abgeschossenen Panzer zu bergen und zu löschen. Wir booten aus unter Feuerschutz der eigenen Besatzung und anderer Wagen, springen an den Panzer von Luithle. Sogar der Motor läuft noch, der Turm brennt aber und dort ist die Munition, die jeden Augenblick hochgehen kann. Breuning springt auf den Fahrersitz und läßt den Wagen achtzig Meter zurück in eine Mulde rollen. Dort löschen wir mit dem Feuerlöscher des Panzers und unserem eigenen den Turm ab. Zum Glück sind bei den noch neuen Panzern die Löscher noch gefüllt. Richtschütze Unteroffizier Andreas Oberle und Ladeschütze Gefreiter Schnars, zwei besonders erfahrene und bewährte Panzermänner, sind gefallen. Der abgeschossene Panzer wird anschließend vom I-Trupp und der Restbesatzung zurückgefahren. Wir setzen den Angriff nicht weiter fort, sondern sichern in Ruginoasa, bis Infanterie eintrifft. In einem Gehöft entdecken wir einen völlig intakten, von seiner Besatzung verlassenen T 34, fast neu. Da ich früher öfter diesen Typ gefahren habe, lasse ich den Motor an und probiere die Gangschaltung. Bergemittel sind knapp, vielleicht kann man den Wagen noch brauchen, obwohl ein Befehl besteht, Feindpanzer möglichst durch Brand oder Sprengung zu vernichten. Es ist zu gefährlich, ihn im eigenen Verband zu verwenden; auch wenn er geländegängig ist und über eine gute Kanone verfügt. Doch auch der Panzeraufklärungs-Wachtmeister fährt damit rum. Wir bleiben bis zum Abend in Ruginoasa. Als die Abteilung abrücken will, fällt der Kommandeurspanzer aus. Bergemittel sind nicht vorhanden, aber wir haben ja unseren T 34. Wir hängen den Schadpanzer mit den starken T 34-Abschleppseilen über Kreuz fest. Der

Wachtmeister fährt, ich sitze im Turm. Wir bilden die Spitze der abrückenden Abteilung. Der T 34 zieht gut durch und bald rollen wir mit an die fünfzig Stundenkilometern ab.

Es wird langsam dunkel, hoffentlich kommen wir gut an den heute früh an der Straße erledigten Panzern vorbei. Aber es klappt. Entgegenkommende Versorgungsfahrzeuge verlassen fluchtartig die Straße, als wir auftauchen. Hinter uns braucht der Panzer IV die ganze Straße. Plötzlich haben wir ihn verloren. Wir drehen um und stellen fest, daß beide Abschleppösen gebrochen sind. Daraufhin wird der Panzer hinten angehängt und rückwärts geschleppt. Hauptmann von Wietersheim steigt zu mir über. Die Schleppfahrt war wohl doch etwas zu schnell, wir müssen langsamer tun.

Am nächsten Tag besuchen wir Luithle auf dem Hauptverbandplatz. Er ist wegen der Verbrennungen und vielen Verletzungen unter dem Verband kaum zu erkennen und wenig ansprechbar, offensichtlich noch nicht über den Berg. Unsere guten Wünsche begleiten ihn. Er wird uns sehr fehlen, gehört er doch mit seinen über siebzig Abschüssen zu den erfolgreichsten und erfahrensten Kommandanten und war stets so etwas wie ein guter Geist in der Kompanie, dessen Wort etwas galt. Er wird später im Ehrenblatt des Heeres lobend erwähnt, obwohl wir ihm alle das Ritterkreuz gegönnt hätten.

In der Panzerwerkstatt, die zusammen mit den I-Staffeln fieberhaft arbeitet – nicht nur Panzer IV, sondern auch ›Panther‹ und ›Tiger‹ haben in den letzten Tagen etwas abgekriegt – steht noch der Panzer von Mutius ohne Kette. Man hat versäumt, bei der Bergung dieses abgesprungene Teil mitzunehmen. Wir entschließen uns, mit dem T 34, dessen Turm inzwischen abgehoben worden ist, einen Ausflug mit Freiwilligen zum Bergen der Kette zu unternehmen. Da ich genau die Stelle kenne, ist das Unternehmen schnell organisiert. Bei schönstem Wetter fahren wir mittags los. Das Abschleppseil ist an der Öse festgemacht, am anderen Ende wird ein S-Haken eingehängt. Dieser und das Seilende reichen bis zu uns in die Wanne. Wir fahren ohne einen Schuß zu hören oder zu sehen im Niemandsland herum, drehen vor der im Gras liegenden Kette, ein Soldat springt raus, hängt ein, sitzt auf, Kupplung los, Gas und wie eine Schlange folgt die Kette der davonrauschenden Wanne. Am nächsten Tag läuft der Schadpanzer wieder. Da alle Aufklärungsergebnisse und sonstige Anzeichen für den baldigen Beginn eines sowjetischen Großangriffs sprachen, begannen bei allen Truppenteilen, allen Waffengattungen, allen Befehlsebenen intensive Vorbereitungen dafür: Genaue Einzelerkundungen, Stellungsbau, Vorbereitungen für den Artillerieeinsatz, Bevorratung mit Munition und Betriebsstoff, Verlegen von Minen, Maßnahmen zur Fliegerabwehr. Unser Regiment stand als Divisionsreserve mit Masse bei Targul-Frumos, um je nach Angriffsschwerpunkt des Feindes entweder als Feuerfront oder zum Gegenangriff in die Flanke des Angreifers wirken zu können. Stellungen und Bewegungsmöglichkeiten hierzu wurden erkundet und teilweise vorgeübt. Mir fiel mit meinen nur noch vier Panzern IV die Aufgabe zu, einen Durchbruch über Höhe 256 und westlich davon zu verhindern. In der Nacht zum 1. Mai fuhren wir probeweise in Stellung, um Zeitaufwand und Einsatzmöglichkeiten praktisch zu überprüfen. Am 1. Mai abends werden wir alarmiert und fahren nachts die sieben Kilometer nach vorn in Stellung. Gegen ein Uhr am 2. Mai sind wir dort. Bereits in der Nacht erfolgen Kampfeinsätze starker sowjetischer Bomberverbände auf Artilleriestellungen, Gefechtsstände und Versorgungseinrichtungen hinter uns. Auch auf unserer Höhe wird eine Bombenlast abgeladen, jedoch ohne Wirkung. Also geht's heute los! Unsere Artillerie stört durch Feuerschläge in Waldstücke und Mulden erkannte Bereitstellungsräume des Feindes. Das Feuer scheint recht wirksam, jedenfalls zeigen dies Feuerentwicklung und zusätzliche Detonationen von Munition, die wir von unserer beherrschenden Höhe aus gut erkenenn können. Gegen 4 Uhr morgens bricht sowjetisches Artilleriefeuer los, gleichzeitig laden erneut Bombengeschwader in mehreren Wellen ihre Last ab, besonders auf Turgul-Frumos hinter uns. Dann folgen Jabo-Angriffe zahlreicher ›IL-2‹-Staffeln, die auch uns im Visier hatten, jedoch zum Glück nicht treffen. Die vor der Stadt zur Fliegerabwehr und als Panzer-Riegel eingesetzte Heeresflak unserer Division erzielte die ersten Abschüsse. Ich wußte, spätestens dort würde jeder Panzerangriff, auch wenn bei mir etwas durchrutschen sollte, sein schnelles Ende finden. Mit unserer kleinen Streitmacht standen wir in gedeckter Aufstellung, hatten aber einen guten Überblick über fast den ganzen Gefechtsstreifen der Division. Unseren Auftrag wollte ich in beweglicher Kampfführung lösen. Es kam darauf an, durch zahlreiche Stellungswechsel eine größere Kampfkraft vorzutäuschen. Vorn durchbrechende nicht zu zahlreiche Feindpanzer sollten aus teilgedeckten Randstellungen auf 800 Meter auflaufen und abgeschossen werden, stärkere Verbände jedoch aus Hinterhangstellungen mit überraschender Feuereröffnung auf 400 bis 500 Meter Entfernung zerschlagen werden. Dabei war auch geplant, eventuell einen Flügel zurückzunehmen, um überraschend aus kürzester Entfernung in die Flanke wirken zu können. Aber dann kommt es doch anders. Links vorwärts greifen sowjetische Panzer und Infanterie die Stellungen der Grenadiere an, werden aber mit Unterstützung von Sturmgeschützen abgewiesen, die einige Panzer abschießen. Bei Bals und auf den Höhen ostwärts davon sind eine ganze Anzahl Panzer auszumachen, die aber nicht angreifen. Man versucht den Feuerkampf auf weite Entfernungen zu führen, auch einige schwere Kaliber sind dabei. Da es für unsere 7,5cm-Bordkanone zu weit ist, beschränken wir uns auf Beobachtung. Mehrere kurze Aufklärungsvorstöße mit zwei Wagen, durch Mulden gedeckt, um nicht den Höhenrand als gutes Ziel zu überschreiten, müssen wegen des sehr starken Panzer- und Pakfeuers abgebrochen werden. Zwar liegt das Feuer ungenau, jedoch ist bei unserer geringen Panzerung das Risiko zu groß, wir wollen den Auftrag nicht unnötig gefährden. Im Funk hören wir trotz der großen Entfernung teilweise den Ablauf des Panzergefechts bei Ruginoasa mit. Einmal kommt sogar ein Bordgespräch des Regimentkommandeurs durch, dessen Kanone nicht schießt, als T 34 angreifen und er dadurch in eine üble Lage gerät. Am Nachmittag kann ich gut den vier bis fünf Kilometer nordwestlich von mir auf Facuti laufenden Panzerangriff von an die vierzig T 34 mit aufgesessener Infanterie beobachten. Die Panzer fahren sehr schnell, geschätzte sechzig Stundenkilometer, und brechen in Facuti ein, dort Brände und Panzergefecht. Einige Panzer stehen vor dem Ort und schießen als Feuerschutz. Gegen 17 Uhr läuft dann der Gegenangriff der 24. PD. in Rücken und Flanke der Angreifer beim Panzerfüsilierregiment. Bald bedecken eine ganze Reihe qualmender feindlicher Panzerwracks das Gefechtsfeld. Der Rest verschwindet fluchtartig hinter den Höhenrand. Inzwischen meldet mein Fahrer Leistungsverlust unseres Motors und daß er den Schaden nicht selbst beheben kann. Er bittet für einige Stunden nach Turgul-Frumos zu fahren, um dort die I-Staffel aufzusuchen. Ich steige auf den Panzer von Oberfeld. Hüneke um. Jetzt sind wir nur noch drei Panzer IV. Abends entdecke ich in dem Ort vor uns einen ›Tiger‘. Wir fahren in der Dunkelheit nach Cucuteni hinein und stellen fest, daß es Oberleutnant Dr. Stadler ist. Wir begrüßen uns erfreut. Von eigener Infanterie ist nichts zu sehen. Ein ›Tiger‹ ist für unsere kleine Streitmacht ein starkes Rückgrat an Feuerkraft. Im letzten Dämmerlicht habe ich einzelne Feindpanzer in der Mulde zwei Kilometer ostwärts Cucuteni im Vorfahren nach Süden beobachtet. Sie gehören offensichtlich zu der Feindgruppe, die am Tag auf dem Höhengelände vor uns herumfuhr und uns auf weite Entfernung ohne Wirkung beschoß. Wir beschließen in Cucuteni die Nacht über zu igeln. Die Fahrer ruhen, während ein Mann der Turmbesatzung an den Waffen beobachtet und den Funk abhört. Ein anderer sichert draußen mit der Maschinenpistole. So kann man wenigstens einige Stunden Schlaf auf der Munition im Panzer finden. Mir läßt aber deutlich hörbarer Panzerlärm in der rechten Flanke in der Gegend eines als ›panzersicher‹ gemeldeten etwa anderthalb Quadratkilometer großen, feuchten Buschwaldes, der sich aus der Bachmulde heraus bis fast zur Straße hinter uns erstreckt, keine Ruhe. Noch in der Nacht fordere ich über Funk Maßnahmen zur Sicherung meiner Flanke und des Rückens an. Da ich den Buschwald nicht selbst erkundet habe, erwarte ich einen Überraschungsangriff von dort her. Die Nacht vergeht langsam ohne Zwischenfälle, mein ›511‹ ist noch nicht zurück. Im ersten Morgengrauen nähern sich von der Straße von Targul-Frumos her die angekündigten drei Sturmgeschütze zu meiner Unterstützung und Flankensicherung. Sie drehen auf den Buschwald ein und – erhalten schweres Feuer von an die fünfzehn Panzern, das auf die kurze Entfernung sofort Treffer erzielt. Die Sturmgeschütze setzen unter gegenseitigem Feuerschutz hinter die nächste Höhe zurück. Unmittelbar danach bricht ein Verband von etwa dreißig bis vierzig T 34 – bei der Zahl zwanzig höre ich auf zu zählen – aus dem Gebüsch heraus und greift unverzüglich Richtung Targul-Frumos an. Wir haben längst kehrt gemacht und sind in Schußposition. Die ersten uns den Rücken zukehrenden Feindpanzer sind abgeschossen. Der Feuerkampf läßt sich gut an. Ich beobachte die Trefferwirkung mit dem Kopf über der Kommandantenkuppel, da trifft mich ein Splitter am Kopf, der das linke Auge durchschlägt. Sofort habe ich starke Schmerzen, kann auch nichts mehr sehen. Jetzt hat es mich also zum siebenten Mal erwischt! Ich übergebe durch Funk die Führung an meinen Freund Oberleutnant Stadler und melde mich ab. Mit dem Panzer werde ich zum nächsten Verbandplatz gefahren. Dort sorgt der Divisionsarzt persönlich für schnellen Weitertransport mit ›Fieseler-Storch‹ und ›He-111‹ in ein Speziallazarett, wo man aber mein Auge auch nicht mehr retten kann. Dafür kehrt das Augenlicht auf dem anderen Auge zurück. – Wie ich später hörte, wurden sämtliche Feindpanzer vernichtet. Mit Oberfeld Luithle, der überlebte und sich eine völlig neue berufliche Existenz wegen seiner Kriegsverletzung aufbauen mußte, Oberfeld Hüneke und den Kameraden meiner alten Besatzung treffen wir uns heute noch …«

Oberleutnant Jung, Dezember 1943.

Oberleutnant Jung, 5. Kompanie, und Unteroffizier Hermann Weißhardt, Dezember 1943.

Panzer treffen im Raum KIROWOGRAD ein, Ausladen in ROWNOJE, Januar 1943.

Panzerkommandant im Panzer III des Panzerregiment »Großdeutschland«, Januar 1944.

Ausladen der Panzertransporte (hier Tigerpanzer) in ROWNOJE, Januar 1944.

Oberleutnant Jung in PALITI-SAT (Moldawien), April 1944.

Grabstelle von Oberst Otto Büsing, Kommandeur des Panzerregiments Groß-deutschland, 8. März 1944 in Rowkoje.

Oberleutnant Jung mit seinem Panzer IV in PALITI-SAT, April 1944.

Zerstörtes sowjetisches Sturmgeschütz SU 100 in PALITI-SAT, April 1944.

Abgeschossenes sowjetisches Sturmgeschütz in PALITI-SAT.

Oberleutnant Jung, 5. Kompanie Panzerregiment »Großdeutschland«, nach längerem Einsatz aufgenommen von einem Kriegsberichter »Großdeutschland«, April 1944.

5. Kompanie Panzerregiment »Großdeutschland« mit neuen Panzern IV vor dem Abmarsch aus BACAU, Rumänien, 1944

Kampfpanzer der 5. Kompanie Panzerregiment »Großdeutschland« in BACAU. Die Besatzung freut sich über den neuen Panzer.

Regimentsappell April 1944.
Regimentskommandeur Oberst Langkeit, Adjutant Oberleutnant Meinecke und Hauptmann Bernhard Klemz.

5. Kompanie beim Abmarsch vom Regimentsappell, vorn Feldwebel Heine, Oberfeldwebel Luithle, Oberfeldwebel Hünecke und Oberschirrmeister Beck.

Nachstellen der Bremsen am Panzer IV, 511, mit Oberleutnant Jung und Oberfeldwebel Sättele, April 1944.

Panzer IV 511 (= 5. Kompanie, 1. Zug, 1 Panzer) mit Besatzung von Oberleutnant Jung, Obergefreiter Schlumberger, Unteroffizier Bräuning, Obergefreiter Heinrich und Panzerschütze Schütz in TARGUL-FRUMOS/Rumänien.

Die Panzerschlacht von Targul-Frumos

Wie der Divisionskommandeur, Generalleutnant von Manteuffel, die Schlacht bei TARGUL-FRUMOS sah, wird nachfolgend dargestellt. Ein Beispiel überlegener Panzerführung bei zahlenmäßiger Unterlegenheit gegen einen weit überlegenen Angreifer. Die Masse von zwei sowjetischen Armeen und sechs sowjetischen Schützendivisionen ist mit dem Ziel eines Durchbruchs bei TARGUL-FRUMOS angetreten:

»Die Division befand sich seit Mitte März 1944 in planmäßigen Absetzbewegungen. Sie war etwa am 9. März aus ihren Stellungen westlich Kirowograd herausgeworfen worden und sammelte sich Ende des Monats im Raum um Kischinew. Dort erhielt sie Befehl, unverzüglich in nördlicher Richtung vorzustoßen, um den Vormarsch des Gegners zu verzögern und aufzuhalten. Der Angreifer drohte in diesem Raum die lose, erst in Bildung begriffene Abwehrfront der Infanterieverbände aufzureißen. Unser Vorstoß gelang infolge schnellen und entschlossenen Zupackens der Division trotz schwierigster Witterungs- und Bodenverhältnisse. Es lag noch tiefer Schnee dort und tagsüber war häufig derart starkes Schneegestöber, daß man keine hundert Schritte weit beobachten konnte. Dem heldenmütigen Einsatz der Truppe und ihrer vorbildlichen Standhaftigkeit gelang es, den sowjetischen Vormarsch sogar aufzuhalten. Damit wurde den Infanterie-Verbänden Raum und Zeit gegeben, in die Stellungen der Division einzurücken und sich unter unserem Panzerschutz zur Abwehr einzurichten. Die Hauptlast des Kampfes innerhalb der Division hatten die beiden Infanterie-Regimenter (Panzergrenadiere und Panzerfüsiliere) zu tragen, hervorragend unterstützt durch gepanzerte Kampfgruppen und unterstellte Teile der Artillerie. Das Gelände war dort recht hügelig und begünstigte den Kampf der Division, die ganz besonders gut mit Maschinenwaffen aller Art ausgestattet war.

Aus diesem Kampfraum wurde die Division in den ersten Apriltagen mit dem Auftrag alarmiert, sich schnellstens westlich Jassy zum Angriff bereitzustellen. Demzufolge wurde sich durch Infanterieteile, die nur flüchtig in den Stellungsraum eingewiesen werden konnten, abgelöst und marschierte in gemischten Kampfgruppen, in der Nacht und am folgenden Tag, in einen Versammlungsraum westlich Jassy, der sehr klein war, weil der Russe in breiter Front im Vorgehen nach Süden gegen rumänische Kräfte war. Seine Spitzen hatten mit ihrer Masse bereits die Straße Jassy-Targul-Frumos nach Süden überschritten. Angaben über Stärke und Bewaffnung waren durch die völlig verängstigten Rumänen nicht zu erhalten. Bei der Unterrichtung über die Lage durch das IV. AK in Jassy machte ich mich stark, am folgenden Tag bis Mittag westlich der Stadt versammelt zu sein. Das Antreten der Division erfolgte zur befohlenen Zeit um 13.30 Uhr, also 56 Stunden nach erfolgter Ablösung aus der Stellung und anstrengendem Marsch bei winterlichen Verhältnissen. Dies war ein eindeutiger Beweis für die Einsatzfreudigkeit der Division, das hohe Verantwortungsbewußtsein aller Kommandeure und die Organisation des Nachschubs und der Instandsetzung. Wegen des schmalen Entwicklungsraumes trat ich mit den Panzergrenadieren in der Angriffsspitze an, rechts dahinter (also nordostwärts gestaffelt) die Panzerfüsiliere, das Panzer-Regiment mit Schwerpunkt rechts im Angriffskeil, also auf engstes Zusammenwirken mit den Grenadieren angewiesen. Teile der Panzer und der Füsiliere hatten Flankenschutz nach Norden zu übernehmen, da wir dort völlig in der Luft hingen. Gegen 18 Uhr wurde der Westrand von Podul Iloani erreicht. Ich hatte den Eindruck, daß es in der Masse russische Infanterie mit schwacher Artillerie war, deren Teile südlich der genannten Straße nunmehr von ihren Hauptkräften abgeschnitten waren. Ich befahl daher, ohne Aufenthalt bis auf das Höhengelände westlich Targul-Frumos durchzustoßen, schon um aus der scheußlichen Enge herauszukommen, die unser Vorgehen kanalisierte.

Targul-Frumos bildete für die Sowjets einen Zugang nach Süden und mußte für sie immer einen Anreiz haben! Der Besitz der Stadt riegelte diesen Zugang ab, weil man von dort aus die einzige gangbare Straße ostwärts des Sereth beherrschte. Gegen 22 Uhr hatten die tapferen Grenadiere im engsten Zusammenwirken mit den vorbildlich kämpfenden Panzern und Sturmgeschützen Targul-Frumos und wenig später die Höhen westlich davon erreicht. Ich war vorgefahren und überzeugte mich, daß noch in der Nacht dorthin eine starke Sicherung vorgeschoben werden mußte. Die ebenso tapferen Füsiliere nahmen das Höhengelände nördlich der Stadt und riegelten in Kampfgruppen unsere Versorgungsstraße von Jassy her nach Norden und Süden ab, konnten aber selbstredend nicht verhindern, daß starke Teile der abgeschnittenen Russen während der Dunkelheit zu ihren Hauptkräften zurückwichen. Als ich durch eine solche Gruppe durchfuhr, machte man mir höflich Platz! Das Material konnten wir diesen Teilen abnehmen, hatten aber weder genügend Leute noch Zeit, um Gefangene einzusammeln. Mir lag daran, die gewonnene Stellung fest in die Hand zu nehmen und unter allen Umständen zu halten! Am folgenden Tag stieß ich mit einer starken gepanzerten Kampfgruppe über Ruginoasa an den Sereth, um das Gelände zu säubern und zu erkunden; wir kamen ohne jeden Verlust abends zurück. Es war beabsichtigt, die Division beiderseits Targul-Frumos und ostwärts der Grenze sowie auf den Höhen nördlich Podul Iloani ausschließlich zur Abwehr einzusetzen. Divisions-Gefechtsstand war in Targul-Frumos am Westausgang. Von dort konnte ich den Einsatz mit Ohr und Auge übersehen und überwachen, hatte ferner ein gutes Wegenetz sowie schnelle Verbindung zu den Kommandeuren. Die Stadt war im Kampf sehr zerstört worden. Im April zeichnete sich immer mehr nach Luftbild, Funk- und Spähtrupp-Aufklärung ab, was ich bei der Einnahme des Ortes vorausgesehen hatte: Hier mußte der Russe kommen, wenn er auf Ploesti vordringen wollte. Die Division krallte sich in diesen Wochen im wahrsten Sinne des Wortes in den Boden fest. Alle Truppen wetteiferten, dem Gegner einen würdigen Empfang zu bereiten. Nördlich der Ost-West-Linie von Podul Iloani nach Targul-Frumos zum Sereth war das Gelände überall gangbar und für Panzer befahrbar. Auch gab es ein weites Schußfeld. Es war aber ungünstig, daß der Gegner nördlich überall auf den beherrschenden Höhen saß, allerdings bis zu zehn Kilometer von unseren vordersten Sicherungen entfernt, so daß er die Feinheiten unseres Abwehrsystems, wie ich hoffte, nicht aufklären konnte. Wir schoben daher unsere vordersten Sicherungen noch bis auf etwa zweieinhalb Kilometer nördlich der Stadt vor. Südlich der Ost-West-Linie war ansteigendes Gelände, das vorzügliche Beobachtungsstellen und Feuerstellungen für Flak und Artillerie bot. Dort lag auch vor dem sich nach Süden anschließenden tiefen und breiten Waldgelände eine rumänische Feldstellung. Die Bodenbewachsung im gesamten Abschnitt gab uns Tarnung für die Stellungen der Infanterie, ihre schweren Waffen und die Sturmgeschütze. Der Winter war abgelöst worden durch warmes, sonnenklares Frühjahrswetter: Klare Nächte, am Tage blauer Himmel, gute Sichtverhältnisse, Untergrund sandig und im allgemeinen trocken. Hart südlich der Stadt lag ein Berg, von dem aus der gesamte Stellungsabschnitt der Division und das vermutliche Angriffsgelände des Gegners in geradezu idealer Weise mit Ohr und Auge zu überwachen war. Dorthin verlegte ich Ende April meinen Gefechtsstand. Beide Infanterie-Regimenter standen in vorderer Linie, tief gestaffelt, mit starken örtlichen Reserven in der Hand der Kommandeure. Die Sturmgeschütze waren auf die Regimenter verteilt und ihnen unterstellt. Pioniere und Aufklärer waren Divisionsreserve, ebenso das Panzer-Regiment. Das Panzerartillerieregiment war gut munitioniert und blieb mit seinen drei Abteilungen auf den gesamten Divisionsabschnitt verteilt in der Hand des Kommandeurs, doch auf engste Zusammenarbeit mit der Infanterie angewiesen. Starke Feuerzusammenfassungen wurden ganz unauffällig erschossen und immer wieder überprüft. Die schweren Waffen einschließlich der Infanteriegeschütze wurden in den Feuerplan eingebaut. Von den vier Batterien der Heeresflak (davon drei mit Acht-Acht) war eine nördlich Targul-Frumos (im folgenden T.F.) zur Panzerabwehr eingegraben eingesetzt, die restlichen zur Luftabwehr. Das Panzer-Regiment stand um T.F. zur Verfügung des Divisionskommandeurs, Instandsetzungsdienste dichtauf. Reichliche Bevorratung an Munition aller Art und Betriebsstoff war vorhanden (weshalb ich in diesem Zusammenhang den immer wieder nach dem Kriege laut werdenden »Märchen« entgegentreten will, daß wir um jene Zeit Knappheit an Munition gehabt haben sollen: Wer sich um seinen Nachschub gekümmert hat, hat ihn auch bekommen!). Die eingesetzte Truppe hatte sich befehlsgemäß »bis zur Halskrause« eingegraben, in gemischten Kampfgruppen im Gelände verteilt, so daß sie einander gegenseitig Feuerunterstützung geben konnten. Das gesamte Stellungssystem wurde von den Kommandeuren erkundet, mir vorgetragen und alsdann festgelegt, um das einheitliche Zusammenwirken innerhalb der Division sicherzustellen. Auch die Verpflegung war gut. Fürsorge für die Truppe war in jeder Beziehung erstes Gebot und wurde durchgeführt. Ich habe der Truppe den bevorstehenden Großkampf angekündigt und in täglichen Besprechungen den Kommandeuren, zum Teil sogar Kompanieführern, meine Gedanken und meinen Kampfplan an Ort und Stelle erläutert. Diese Anregungen hatten eingehende Unterweisungen dieser Führer zur Folge, die untereinander eng befreundet waren. Ich erwähne dies ausdrücklich, weil später das Zusammenwirken aller Waffen und die nachbarliche Hilfe so vorbildlich funktionierten, wie man es sonst wohl nur in Lehrbüchern liest. Meine Sorge war die vorausschauende Erkundung des Einsatzes für die Panzer. Viele Möglichkeiten wurden mit dem vorzüglichen Offizierkorps, meist zusammen mit den Kommandeuren der anderen Waffen, besprochen und, sobald der Plan von mir gebilligt worden war, festgelegt. Diese Arbeit ging soweit, daß den einzelnen Panzerkompanien ihr Weg und der Raum ihrer möglichen Stellungen angesagt wurden, damit die untersten Führer sich mit dem Gelände vertraut machen konnten, denn für sie bildet dies die Grundlage ihres Kampfes – mehr als taktische Erwägungen (letztere sollten den Abteilungskommandeuren überlassen bleiben). Von Ruginoasa (im linken Teil unseres Stellungsraumes) bis zum Sereth war eine rumänische Brigade eingesetzt, stark an Zahl bei reichlicher Ausstattung mit Maschinenwaffen und Panzerabwehrwaffen deutscher Fertigung sowie guter Ausstattung mit Artillerie. Eine Vermischung mit uns hatte ich abgelehnt und nahm das Risiko (als solches sprach ich den Einsatz der Rumänen an!) auf mich, diesem Verband einen Abschnitt selbständig zu überlassen. Ein sowjetischer Angriff, wenn er gerade dort traf, mußte immer über den Raum T.F. seine Fortsetzung finden. Ich hatte Vertrauen, ihn spätestens dort mit Teilen der Division auffangen zu können – was genau so auch geschah. Der Kampfwert der Division »GD« war ausgezeichnet, der Kampfgeist vorbildlich: Die Truppe fühlte sich dem Gegner völlig überlegen, die Kämpfe im April hatten das eindeutig bewiesen! Die Zusammenarbeit innerhalb der Division war vertrauensvoll und kameradschaftlich. Die bevorstehende schwere Aufgabe war allen Männern bekannt, sie hatten keinen Zweifel, daß sie diese bewältigen würden. Deshalb gingen alle Truppen mit vorbildlichem Eifer an die Vorbereitungen des Abwehrkampfes. Stärke der Division (Anhaltswerte): Zwei Infanterie-Regimenter zu je zwei Bataillonen mit je vier Kompanien von etwa 100 Mann, Bataillon schwerer Infanteriewaffen; eine Sturmgeschütz-Abteilung mit etwa 40 Geschützen; ein Pionier-Bataillon, voll aufgefüllt, eine Aufklärungsabteilung, zu zwei Drittel aufgefüllt; ein Panzer-Regiment mit einer Abteilung Panzer IV (etwa 40 Panzer), eins mit »Panthern« (80) und eine mit »Tigern« (40) (Anmerkung des Verfassers: das Panzerregiment hatte jedoch nie mehr als 25 Panzer IV, ca. 10 Tiger und 12 Panther einsatzbereit, die Sturmgeschützabteilung 25 Sturmgeschütze) ein Panzerartillerie-Regiment zu drei Abteilungen, volle Geschützzahl; eine Flak-Abteilung mit einer leichten und drei schweren (8,8) Batterien; Munition und Betriebsstoff gut bevorratet; Ausstattung mit Nachrichten-Mitteln (Funk und Fernsprech) gut bei fleißigem Ausbau eines Leitungsnetzes, obwohl ich auf Funk grundsätzlich mehr Wert legte als auf Draht. Die Leitungen wurden auch am ersten Angriffstage fast alle zerstört. Rechts von uns war inzwischen die 46. ID. eingesetzt worden, eine gute Division unter guter Führung (Generalleutnant Roepke). Man konnte sich an der Naht auf sie verlassen! Dieser Verband war für den Abwehrkampf auf die rechts davon eingesetzte 24. PD. angwiesen worden, die für diesen Zweck stärkere Reserven, dabei Panzerteile, ausgeschieden hatte, denn es war vorauszusehen, daß der Angriff sie nicht treffen würde. Der Kampfwert der Rumänen war gering, sie waren für uns eher eine Belastung; das Offizierkorps war schlecht. Dieses Urteil bezieht sich auf alle in der Grenzstellung (also hinter uns eingesetzten Truppen und die Kavallerie-Division, die ich mit zu betreuen hatte). Ich rechnete mit keinem dieser Verbände – und behielt allzu Recht! Mein Kampfplan war etwa folgender: Da mit einer an Sicherheit grenzenden Wahrscheinlichkeit damit zu rechnen war, daß der Gegner mit starken Panzerkräften in Zusammenarbeit mit starker Artillerie, diese unterstützt durch gute Beobachtungsmöglichkeiten, angreifen würde, sollte der Angriff durch den Einsatz des massierten Panzer-Regiments in beweglicher Kampfführung abgewehrt werden. Ich ließ keinerlei Zweifel darüber, daß ein Regiment der Division sich des Gegners zunächst selbst, also ohne Unterstützung der Panzer würde erwehren müssen. Aufklärung verschiedenster Art würde die Grundlage für einen Vorteil bilden, wo zunächst damit zu rechnen war, daß der Gegner mit starken Panzerkräften angreifen würde. Diese sollten dann von unseren Panzern zerschlagen werden, damit man sich später in den anderen Abschnitt wenden konnte, falls der Einsatz dort noch notwendig sei. – Ich behielt mir daher den Einsatz der Panzer vor und fuhr schließlich den Angriff des Regiments in allen Phasen mit. Tatsächlich aber hatte ich bis zum Morgen des Angriffstages keine Vermutung, wo wohl der Schwerpunkt des Gegners liegen würde. Ich dachte aber vor allem an den linken Abschnitt, weil die Russen sicher hofften, dort die Rumänen verjagen zu können, um unter Ausnutzung dieses Teilerfolges dann uns aufrollen zu können. Mein Kampfplan setzte voraus: Beste Nachrichtenübermittlung der Aufklärungsergebnisse und deren Austausch innerhalb der gesamten Division; zweckmäßiger, fleißiger Ausbau der Widerstandsnester der Infanterie; wohl durchdachte Feuerpläne aller Waffen: schwere Infanterie-Waffen, Panzerabwehr einschließlich Sturmgeschütze, Artillerie und im Erdkampf eingesetzte Teile der Flak, die sich nach Art der Waffe, Kaliber und Munition ergänzen mußten. Nachbarliche Hilfe mußte ebenso an den Nähten verabredet werden wie starke und stärkste Feuerzusammenfassungen vorbereitet wurden. Die Grundlagen hierfür wurden unauffällig erschossen. Der Divisionsgefechtsstand war geradezu ideal: Er lag, wie vorstehend geschildert, hart südlich T.F. auf einer Anhöhe mit dort eingerichteter Beobachtung, von wo aus man den gesamten Abschnitt mit Auge und Ohr überwachen konnte. Ausschlaggebend war aber trotz sorgfältigster Vorbereitungen der Kampfwert der Truppe. Es war kein Zweifel, daß die Hauptlast des Kampfes in jedem Fall die Infanterie zu tragen hatte, die vorgesetzte Dienststelle hatte keinerlei Reserven. Mit der Luftwaffe bestand engste Verbindung, Unterstützung wurde zugesagt, war aber wie immer weitgehend vom Wetter abhängig. Der Russe verhielt sich im April ruhig und schoß wenig mit Artillerie, offenbar sparte er Munition. Die Aufklärung ergab aber zahlreiche neue Feuerstellungen. Wie üblich blieb seine Stellungsinfanterie bis zu Beginn des Angriffs liegen, eingebrachte Gefangene wußten angeblich nichts von Vorbereitungen. Mich konnte er aber über den bevorstehenden Angriff nicht täuschen: Er zeichnete sich für den 30. April oder 1. Mai ab. Es war strahlendes Wetter, klarer blauer Himmel, trockener Boden, sehr gute Sichtverhältnisse, Büchsenlicht gegen vier Uhr. Am Vortag des Angriffs (1. Mai) war es nach wie vor ruhig an der Front. Nachdem die Luftaufklärung gegen Mittag stärkere Ansammlungen im rückwärtigen Stellungsraum des Gegners gemeldet hatte, beantragte ich einen Kampfflieger-Einsatz, der abends auch geflogen wurde. Aus zahlreichen Bränden und Explosionen konnte geschlossen werden, daß der Angriff erfolgreich war. Gefangene des folgenden Tages bestätigten dies. Am 2. Mai setzte gegen vier Uhr lebhaftes Artilleriefeuer ein, das im wesentlichen nur auf den vordersten Stellungen lag, aber nicht in das Hinterland reichte. Unsere Tarnung muß gut gewesen sein, denn die Verluste an Menschen und Material waren sehr gering. Das Feuer war also im wesentlichen Störungsfeuer, das, wie häufig beim Russen, stur abgegeben wurde. Rückschauend glaube ich, daß man die Stellungen unserer Infanterie und deren schwere Waffen zum Einsatz der Panzer sturmreif machen wollte. Etwa eine Stunde nach Feuereröffnung begann der Angriff der sowjetischen Panzer, etwa dreißig Minuten später schlug Panzerfeuer in T.F. ein. Ich sah von meinem alten Gefechtsstand aus die Panzer auf die Stadt zurollen. Die eigene Infanterie hatte sich teilweise überrollen lassen, um der am Nordausgang von T.F. eingegrabenen Flak die Beute zu überlassen. Die Mehrzahl der angreifenden Panzer, etwa 25, wurde in Brand geschossen, etwa zehn Wagen platzten in die Bereitstellung unserer Panzer und wurden dort vernichtet. Ich hatte sehr bald den Eindruck, daß der Hauptangriff aus dem Raum nordwestlich T.F. auf die Stadt erfolgen würde, und beorderte daher das Panzer-Regiment hinter eine Anhöhe westlich T.F. hinter den linken Abschnitt der Panzergrenadiere. An der Anhöhe war eine Batterie Sturmgeschütze glänzend getarnt eingebaut. Als ich heranfuhr, griffen gerade an die dreißig Feindpanzer in schneller Fahrt an; auch dort hatte sich die Infanterie überrollen lassen. Die Sturmgeschütze ließen die Angreifer auf etwa 300 Meter herankommen und schossen alle in Brand, der größte Teil explodierte. Wir hatten keinen Ausfall! Eine andere sowjetische Kompanie fuhr im Gänsemarsch, also in Reihe hintereinander, an Ruginoasa vorbei, wo die Rumänen wie erwartet »zerplatzt« waren. Der Gegner wurde von eigenen Panzern frühzeitig entdeckt und restlos vernichtet. Mein erster Eindruck fand bis gegen acht Uhr seine Bestätigung. Es folgte Panzerwelle auf Panzerwelle, die wir aus günstigen, vorher erkundeten Stellungen abschossen und verjagten. Als ich mit dem Kommandeur des Panzer-Regiments an dessen Befehlswagen (von Bord zu Bord) sprach, schlug Panzerfeuer schwersten Kalibers aus großer Entfernung zwischen uns. Wir stellten sehr bald fest, daß es von schweren Panzern aus etwa 3000 Meter Entfernung abgegeben wurde. Erst dachten wir beide, daß sich eigene »Tiger« verfahren hätten, weil wir derart schweres Kaliber beim Russen noch nicht erlebt hatten. Eine Kompanie echter »Tiger« wurde heranbefohlen, die gegen die Feindpanzer das Feuer aufnahm. Man sah deutlich die Aufschläge der Granaten an den Panzern, sie prallten aber alle ab. Der Kommandeur der »Tiger«-Abteilung befahl den Angriff seiner Panzer, fuhr auf 2000 bis 1800 Meter an den Gegner heran und nahm ihn unter Feuer. Vier Panzer brannten bald, drei verließen, soweit ich das beobachten konnte, die Stellung in schneller Fahrt. Ich befahl eine Panzer-IV-Kompanie in meine Nähe, sie sollte ostwärts Ruginoasa ausholen und die Flüchtlinge abschießen. Die schnellen und wendigen »kleinen« Panzer hatten das Glück, an die sowjetischen Kolosse auf 1000 Meter gedeckt heranzukommen und sie rückseitig zu fassen: Die Gegner blieben nach Treffer stehen und brannten aus, wie wir später feststellten. Es waren neue »Stalin«: Starke Kanone, starke Panzerung, niedriger Aufbau, aber langsam und nicht wendig genug; die Besatzungen waren meines Erachtens auch noch nicht genügend mit dem neuen Typ vertraut. Es würde zu weit führen, Einzelheiten des Kampfes zu schildern, daher der Verlauf nur in großen Zügen: Bis gegen elf Uhr hatte das Panzer-Regiment im Stellungsraum der Panzergrenadiere an die fünfzig Gegner abgeschossen. Ich stellte ein Zögern des feindlichen Angriffs fest. Der Russe zeigte zwar noch viele Panzer, schoß aber nur aus großen Entfernungen, ohne selbst anzugreifen. Wir hatten zunächst kein Interesse daran, so weit in den feindlichen Stellungsraum hinein mit unseren Panzern anzugreifen, hofften vielmehr die Feindpanzer am folgenden Tag oder an anderer Stelle zu fassen. Inzwischen waren alarmierende Meldungen der Panzerfüsiliere (rechter Abschnitt) eingegangen. 34 Sowjetpanzer waren sogar in das Dorf eingedrungen, in dem sich der Gefechtsstand dieses Regiments befand. Im

Nahkampf, an dem der Kommandeur persönlich beteiligt war, wurden 24 abgeschossen. Das Regiment war aber an mehreren Stellen durchbrochen worden, hielt jedoch stand. Ihm war es ebenso wie den Panzergrenadieren gelungen, die Sowjet-Infanterie von ihren Panzern zu trennen und aufzuhalten. Diese mußten nun alleine kämpfen. Ich hatte übrigens meinem Freund, dem Oberst Niemack als Kommandeur der Panzerfüsiliere, versprochen, um zwölf Uhr mit unseren Panzern bei ihm einzugreifen. Die Lage dort war äußerst kritisch. Nach elf Uhr setzte erneut ein starker Panzerangriff des Gegners ein. Ich befahl daher Abbrechen des Kampfes unserer Panzer westlich T.F. und neue Bereitstellung bei der Stadt, wo vom Kommandeur der Panzer vorausschauend und vorbildlich alle Vorbereitungen getroffen worden waren, um das Regiment schnellstens wieder mit Munition und Betriebsstoff zu versehen. Links bei den Panzergrenadieren wurde eine gemischte Abteilung Panzer V und VI unter dem Kommandeur der »Tiger« zurückgelassen. Ich selbst fuhr zu den Panzerfüsilieren mit einer Kompanie Panzer IV voraus, erkundete Lage und Gelände und setzte das mir folgende Regiment aus dem Marsch zum Angriff an. Es erschien tatsächlich »fünf vor Zwölf« auf dem Gefechtsfeld, genau zu der Zeit, zu der ich es dem Kommandeur der tapfer ausharrenden Füsiliere versprochen hatte. Unsere Panzer schossen sofort an die dreißig Gegner ab, die im hinteren Stellungsraum rumkurvten. Bis Einbruch der Dunkelheit war dann auch hier die Lage völlig wiederhergestellt. In beiden Abschnitten wurden je eine halbe Abteilung Panzer V und VI vor der Morgendämmerung in Stellung gebracht, daß sie bei Büchsenlicht mit ihrem Feuer vor die eigene Infanterie wirken konnten. Die außerordentlichen Panzerverluste des Gegners in Verbindung mit dem Umstand, daß seine Infanterie ihre ersten Ziele an keiner Stelle erreicht hatte, ließen mich am Abend des 2. Mai hoffen, daß das Schlimmste überwunden war. Ich sollte Recht behalten! Zwar griffen die Russen am 3. und 4. Mai wieder an, wurden aber trotz stärkerer Panzerunterstützung vor oder in unseren Stellungen zusammengeschossen. Am 2. Mai waren mehrfach eigene Kampfflieger eingesetzt worden, dabei das Geschwader Rudel als Panzerjäger. Sie gaben wirksame Unterstützung und vernichteten ebenfalls eine ganze Anzahl Panzer. Mit Bomben und Bordwaffen wurden Infanterie- und Artillerie-Stellungen sowie feindliche Ansammlungen im rückwärtigen Gebiet höchst wirkungsvoll bekämpft. Unsere Verluste an Panzern betrugen noch nicht zehn Wagen, eine erheblich größere Anzahl war allerdings mehr oder weniger leicht beschädigt. Das Panzer-Regiment büßte aber dank hervorragender Organisation des

Nachschubs und der Instandsetzungsdienste an Kampfkraft kaum ein und blieb, wie schon so oft, der treue Helfer der tapferen Infanterie. Der Erfolg war groß: Ein sowjetischer Durchbruch in Richtung Ploesti war verhindert worden, die Verluste des Gegners an Menschen und an Panzern doch so erheblich, daß ihm die Lust bald verging, nochmals anzugreifen, so lange »GD« in Stellung lag. Ich schätzte seinen Verlust an vernichteden Panzern auf an die 350 Wagen, dazu etwa 200 beschädigte Kampffahrzeuge. Mir war auch wichtig, daß wir nun an die ersten »Stalin«-Panzer heran konnten, die ich genauestens untersuchen und fotografieren ließ. Der Erfolg beruhte meines Erachtens auf: Zutreffender Beurteilung der Lage im allgemeinen; bis ins einzelne gehender fleißiger und zuverlässiger Vorbereitung der Abwehr, die engstes Zusammenwirken aller Waffen sicherstellte, indem jede ihrer technischen und taktischen Eigenart entsprechend zur vollen Entfaltung kommen konnte; Schießfertigkeit und Schießkunst aller panzerbrechenden Waffen und Artillerie; Einsatzbereitschaft, Standhaftigkeit und Tapferkeit der Artillerie, Infanterie, Sturmgeschütze und Flak sowie dem Angriffsgeist der Panzerbesatzungen; vorbildlichen Kampfgeist aller Offiziere, Unteroffiziere und Männer, wissend, daß sich jeder auf den anderen unbedingt verlassen konnte; zweckmäßiger Beurteilung der Kampflage in den verschiedenen Phasen und zutreffender Wertung des Geländes durch die Divisionsführung. Grundlage für den Kampfplan waren Tatsachen (zugleich meine Erfahrungen, die ich wieder bestätigt fand). Die Division hatte sich »zu verteidigen«, also ihre Stellungen zu halten (kein hinhaltender Widerstand).Das muß der »einfache Mann« klar wissen, sonst glaubt ein Gruppenführer der Infanterie, er wäre ermächtigt, hinhaltend kämpfend vorübergehend auszuweichen. Grundlage der Verteidigung bildet engstes Zusammenwirken der Infanterie mit allen sie unterstützenden Waffen, nämlich ihren eigenen schwereren Waffen, Sturmgeschützen, Artillerie und Pionieren. Die Infanterie selbst aber spielte die erste Geige im Konzert, ihren berechtigten Forderungen haben sich die anderen Waffen unterzuordnen!

Die Panzer sind zum Gegenstoß und zum Angriff gegen Panzerfeind zusammen- und nahe heranzuhalten. Die Infanterie führt die Verteidigung in Widerstandsnestern wechselnder Stärke und Zusammensetzung. Gegenseitige Unterstützung von Nest zu Nest muß sichergestellt sein. Die artilleristische Feuerleitung muß beweglich bleiben und nicht stur den einmal erschossenen und festgelegten Feuerplan einhalten wollen. Starke und stärkste Feuerzusammenfassungen müssen immer wieder angestrebt werden. Es muß tatsächlich vernichtendes Feuer sein! Dem

Kampf der Panzer haben sich dort, wo sie auftreten, alle anderen Waffen bedingungslos unterzuordnen. Sie helfen diesen und sich selbst dadurch am wirkungsvollsten! Dazu gehört selbstredend der Austausch von Beobachtungen. Eine Verzettelung der Panzer muß zugunsten der Stärke des Panzerkerns unter allen Umständen vermieden werden. Die Panzer sollen sich nicht damit begnügen, aus guten Stellungen angreifende Panzer abzuwehren, sondern diese dort vernichten, wo sie ihn sehen oder vermuten! Sie selbst müssen immer wieder angreifen, um auch jene Feindpanzer zu vernichten, die auf weite Entfernungen mit ihrem Feuer die eigenen Angreifer unterstützen.

Bewegung und Feuer sind zu koppeln, auch im Kampf Panzer gegen Panzer, um zu verhindern, daß man selbst in einer Feuerstellung durch gegnerische Reserven überfallen wird, die diese aufgeklärt haben.Nur so viel an Panzerkräften in der Abwehr einsetzen, als man braucht, um die Lage zu meistern. Der Kampf der Panzer muß aus der Tiefe geführt werden, man muß also jederzeit noch über eine verwendungsbereite Reserve an Panzern, vor allem der stärkeren Kaliber (V oder VI), verfügen können. Im Angriff kann man nicht stark genug sein, darf aber die Tiefe gleichfalls nicht aufgeben, aus der heraus allein man »operieren« kann!

Da die Panzer durch ihre Versorgungs-,Abschlepp- und Instandsetzungsdienste »atmen«, muß deren Organisation, Arbeitsplatz und Arbeitsweise sicherstellen, daß die Panzer nach einer abgeschlossenen Gefechtsphase in kürzester Frist und in größtmöglichster Anzahl wieder zu neuer Verwendung bereitstehen. Die Versorgungsdienste führte bei mir ein erfahrener Kompaniechef der Panzer (Ritterkreuzträger), der wußte, wo seine Kameraden »der Schuh drückte«. Die Geschwindigkeit der Panzer auf dem Gefechtsfeld (nicht die auf der Straße) hat sich neben guten Führungsmitteln und Schießkunst der Besatzungen auch in diesen Kämpfen als entscheidende Voraussetzung für den Erfolg im Kampf Panzer gegen Panzer erwiesen. In den schnell verlaufenden Gefechtsabschnitten des Panzerkampfes mit ständig wechselnden Lagen bilden eine unausgesetzt betriebene, zweckmäßig angesetzte und durchgeführte Aufklärung über den Feind mit Erkundung des Geländes und schließlich der Austausch dieser Aufklärungsergebnisse untereinander eine weitere entscheidende Grundlage. Nicht zuletzt: Alle Panzerführer bis zum Divisionskommandeur gehören auf das Gefechtsfeld und zwar dorthin, wo sie am besten Einblick in das Gelände und gute Verbindung zum Panzerkern haben! Ich war immer dort, wo ich sehen und hören konnte, was »vorne«, das heißt am Feind, und um mich herum los war – denn diesen persönlichen Eindruck kann nichts und niemand ersetzen!«

Mehr als 200 sowjetische Kampfpanzer werden von den ca. 22 einsatzbereiten Panzern IV, 6-7 Tigern und 8-10 Panthern abgeschossen. Dafür werden der Kommandeur der II. Abteilung, Hauptmann von Wietersheim, und Hauptmann Klemz mit dem Ritterkreuz ausgezeichnet. Das Panzerregiment »Großdeutschland« meldet seit Beginn der Aufstellung im März 1943, also seit einem Jahr, den 1000. Panzerabschuß. Dabei finden sich unter den jetzt vernichteten Feindpanzern die ersten neuen Panzertypen »Josef Stalin« mit 122 mm Bordkanone. Die T 34 sind jetzt mit der neuen, weit stärkeren Bordkanone 8,5 cm bewaffnet, die schweren Sturmgeschütze der Sowjets verfügen über Rohre mit 100 und 122 mm Kaliber. Neben der zahlenmäßigen Überlegenheit wächst der technische Kampfwert der Sowjets und erschwert das Gefecht. Nach dem Scheitern des Durchbruchsversuchs der Sowjets bei TARGUL-FRUMOS tritt in den nächsten Tagen Ruhe ein, die sofort zur Stellungsverbesserung, Umgliederung und Auffrischung genutzt wird. Ende Mai 1944 stellt die eigene Aufklärung eine Verschiebung des Schwerpunktes des Gegners und neue Angriffsabsichten des Gegners nordwestlich JASSY fest. JASSY ist von Norden bedroht. Die Panzergrenadierdivision »Großdeutschland« soll diese Bedrohung angriffsweise ausschalten und wird deshalb weiter nach Osten in den Raum südlich PODUL ILOAIEI-DANIAN-LITLANI verlegt.

Am 02.06. beginnt dieser Angriff mit begrenztem Ziel unter Einsatz des gesamten Regiments, dessen III. Abteilung jetzt Oberstleutnant Baumungk führt. Die ersten Ortschaften werden genommen, jedoch versteift sich der Widerstand vor jetzt ausgebauten Stellungen, Pak und Panzerriegeln sowie Minenfeldern. Dazu kommen sumpfige Geländeteile. Trotzdem geht es vorwärts. Der Kampf geht von Höhenzug zu Höhenzug. Meist sind die Panzer der Infanterie weit voraus. Gegenstöße mit Panzerunterstützung können erfolgreich abgewehrt werden. In den bis 07.06.1944 andauernden Kämpfen werden 70 Feindpanzer abgeschossen, 36 Pak und 45 Geschütze vernichtet. Die Pioniere nehmen 10.300 Minen auf! Die Division wird mehrfach im Wehrmachtsbericht lobend erwähnt. Bei diesen Kämpfen fällt Leutnant Fischer, II. Abteilung, ein besonders bewährter Panzeroffizier.

Panzerlage am 01.06.1944

Einsatzbereit:	12	Panzer IV
	3	Panzer V Befehlswagen
	19	Panzer VI

Panzerlage am 01.07.1944

Einsatzbereit:	2	Panzer III
	10	Panzer IV
	1	Panzer V Befehlswagen
	26	Panzer VI

Nach Ablösung der Division aus den gewonnenen Stellungen und zeitweiser Bereitschaft zum Einsatz im bisherigen Kampfraum wird die Division zur Auffrischung in den Raum BACAU verlegt (15./16.06.1944). Dort treffen neue Fahrzeuge, Geschütze, auch Panzer ein. Die »Panther«-Abteilung I./26 erhält neue Panther und wird voll ausgerüstet. Die 7. Kompanie der II. Abteilung wird ebenfalls mit 14 Panthern neu aufgestellt. Auch das I. Bataillon des Füsilierregiments »Großdeutschland« wird mit SPW gepanzert.

Vernichtete sowjetische Pak, April 1944, RUGINOASA.

Soldaten der 5. Kompanie am Panzer 511 in TARGUL-FRUMOS, April 1944.

Befehlswagen mit General von Manteuffel bei RUGINOASA, 23.4.1944, mit VB-Artillerie Beobachtungs-SPW.

Einnahme von RUGINOASA 23.4.1944. Panzer von Oberfeldwebel Luithle, vom Panzer 511 (Oberleutnant Jung) aus aufgenommen.

Befehlswagen von General von Manteuffel, davor VB-Fahrzeug, 23.4.1944 bei RUGINOASA aufgenommen vom Funker Obergefreiter Schlumberger, vorn links Fahrer Unteroffizier Bräuning.

Vom Panzer 511 abgeschossener T 34 bei TARGUL-FRUMOS, April/Mai 1944.

Hauptmann Walter von Wietersheim, Kommandeur II./Panzerregiment »Groß-deutschland« und Oberst Langkeit bei TARGUL-FRUMOS, Mai 1944.

Führungs-»Panther« von Oberst Langkeit, davor Oberst Lorenz, Kommandeur Panzergrenadierregiment, und Hauptmann Gerbener, III. Bataillon Panzergrenadierregiment »Großdeutschland« bei TARGUL-FRUMOS, Mai 1944.

Oberst Langkeit, Kommandeur Panzerregiment »Großdeutschland« im Turm seines Befehlspanzers, Mai 1944.

Lagebesprechung April 1944 TARGUL-FRUMOS: Oberst Niemack, Kommandeur Füsilierregiment »Großdeutschland«, Oberst Langkeit, Oberleutnant Bensinger, General von Manteuffel (v.l.n.r.).

Reste abgeschossener T 34, RUGINOASA, April 1944.

Völlig zerlegte Reste vernichteter T 34, TARGUL-FRUMOS, April/Mai 1944.

Von links: Oberst Langkeit, Kommandeur Panzerregiment »Großdeutschland«, unbekannt, Oberst Niemack, Kommandeur Füsilierregiment »Großdeutschland«, General von Manteuffel, Kommandeur Panzergrenadierdivision »Großdeutschland«, April 1944.

Generalleutnant Hasso von Manteuffel, Kommandeur Panzergrenadierdivision »Großdeutschland«, Mai 1944.

Generalleutnant Hasso von Manteuffel und I a, Oberstleutnant i.G. Oldwig von Natzmer, April 1944.

Oberst Langkeit und General von Manteuffel, Mai 1944.

Vernichtete T 34, Mai 1944 bei TARGUL-FRUMOS, dabei rumänische Infanterie.

Die ersten abgeschossenen »Stalin«-Panzer mit 12,2 cm Kanone. Mai 1944 bei TARGUL-FRUMOS.

MG-Schütze des Pz.Gren.Rgt. »Großdeutschland«, Mai 1944.

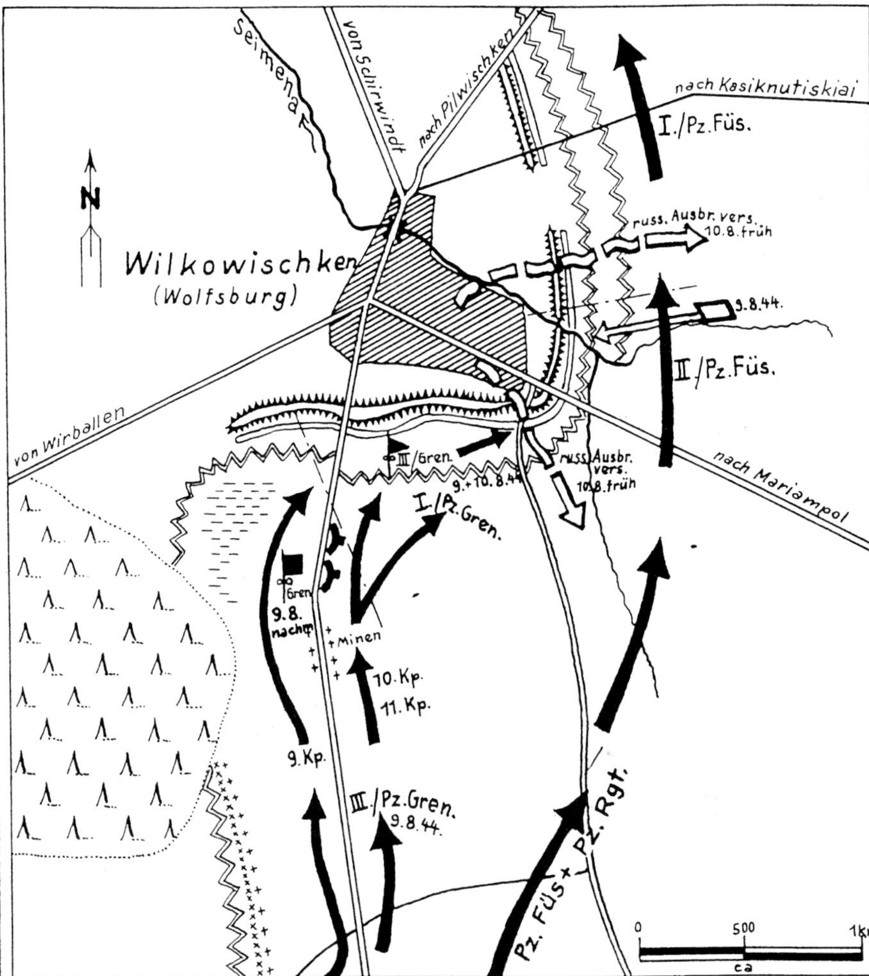

Angriff gegen Wilkowischken
9. bis 10. August 1944

Kämpfe in Ostpreußen und Kurland 1944

Inzwischen ist, beginnend am dritten Jahrestag des deutschen Angriffs auf die Sowjetunion, der russische Großangriff Operation »BAGRATION« auf die Heeresgruppe Mitte erfolgt, der diese in mehrere Kessel aufspaltet und weitgehend vernichtend trifft. Der Feind steht in Polen, Litauen und an den Grenzen Ostpreußens. Am 01.08.1944 erreichen sowjetische Panzerspitzen WILKOWISCHKEN, ein Bollwerk in der Ostpreußenschutzstellung, und nehmen die Stadt.

In Eil- und Blitztransporten werden die Verbände der Division ab 27./28.07.1944 in den Raum GUMBINNEN verlegt. Sofort nach dem Entladen werden erste gepanzerte Teile zum Gegenangriff bei WIRBALLEN eingesetzt. Dabei treffen die Tiger von Oberleutnant Leusing auf schwere Stalinpanzer und verlieren im harten Panzergefecht vier Tiger. Nachdem nördlich WIRBALLEN der Feind gestoppt ist, versammelt die Division bei EBENRODE und trifft am 09.08.1944 um 04.15 Uhr zur Überraschung des Gegners ohne Artillerievorbereitung an. Es ist wohl das letzte Mal, daß die gesamte Kampfkraft von mehr als 350 gepanzerten Fahrzeugen geschlossen auf ein Ziel angesetzt wird. Während die Panzergrenadiere mit Sturmgeschützen von Süden auf WILKOWISCHKEN zustoßen, aber trotz Minenfeldern in den Ort eindringen, greift das Panzerregiment geschlossen, Panther voraus, Tiger an rechter Flanke, dahinter Panzer IV, die Stadt nach Osten umgehend, im dichten Nebel an. Die Überraschung gelingt vollkommen. Erst als sich der Nebel lichtet, treten schwere Stalinpanzer und Sturmgeschütze ins Gefecht und führen den Feuerkampf mit den die Flanke sichernden Tigern. Dabei wird der Tiger des Kommandeurs der III. Abteilung, Oberstleutnant Baumungk, abgeschossen, der Kommandeur schwer verwundet; auch noch drei andere Tiger verliert die III. Abteilung an diesem Tag. Dabei fallen auch Leutnant Kurz, Zugführer der 10. Kompanie und andere Soldaten. Hauptmann Bock führt jetzt die III. Abteilung, auch wenn die Ausfälle an Panzern immer empfindlicher werden. Schwere Feindpanzer vom Typ »Josef Stalin«, SU 100 und SU 122/152 und gut in dem durchschnittenen Gelände getarnte Pak machen immer wieder zu schaffen. Die Ostflanke des eigenen Angriffs ist gegen den Gegner, der Deckung in kleinen Waldstücken und hohem Bewuchs findet, schwer zu schützen. Trotzdem bleibt der Angriffsschwung erhalten, und es wird bis zur Nordzufahrtsstraße nach WILKOWISCHKEN und sogar bis zur Kreuzung der Straße mit der Bahn durchgestoßen. Ein ganzes Garde-Panzer-Korps mit Eliteregimentern von drei Divisionen wird zerschlagen und flieht teilweise, während noch Ortskämpfe in WILKOWISCHKEN toben. Einige Tiger und Panzer IV unterstützen die dort kämpfenden Grenadiere und Füsiliere, während die Panther der I./26 jetzt die Ostflanke sichern. WILKOWISCHKEN ist Teil der Ostpreußenschutzstellung und liegt hinter Panzergraben und gut ausgebauten Feldstellungen, die am 02.08. in Feindeshand gefallen waren. Zugführer Oberfeldwebel Bergmann von der Panther-Abteilung I./26 sichert nach Osten an der Straße MARIAMPOL-KOWNO. Sein Auftrag ist, die Straße zu sperren, um Rücken und Flanke der eigenen Truppe zu sichern. Etwa 25 Panzer, zwei Bataillone Infanterie und zehn Pak sind auf der Feindseite erkannt. Auf der Straße greifen die Russen an. Bergmann schießt drei Panzer ab. Der Feind versucht nun, die Sicherung zu umgehen. Ruhig läßt Bergmann, mit seinen drei Panthern auf sich allein gestellt, die Feindpanzer vorbeirollen. Dann schleicht er sich durch eine Furt des Panzergrabens und greift den Feind überraschend von hinten an. Im schnellen Stoß vernichtet er sieben in Stellung gegangene Pak und schießt mit seinem Zug noch 16 sowjetische Panzer ab. Seinem Mut, seiner Entschlossenheit und der Fähigkeit, im Sinne des Auftrages selbständig zu handeln und eine Lage kühn auszunutzen, ist es zu verdanken, daß ein weit überlegener Feind abgeschlagen und vernichtet wird. Das brachte ihm das Ritterkreuz. Der Feind erleidet in und um WILOWISCHKEN hohe Verluste, nur zwei kompaniestarke Einheiten können sich im Schutze der Nacht der Einschließung entziehen. 69 Panzer und Sturmgeschütze sowie 61 Pak und Geschütze werden vernichtet. Aber die eigenen Verluste wiegen schwer, da viele Panzer beschädigt und instandsetzungsbedürftig sind.

Nach Ablösung in WILKOWISCHKEN soll nun zusammen mit anderen Panzerdivisionen nach Norden zum Herstellen der Verbindung mit der Heeresgruppe Nord angetreten werden. »Doppelkopf« und »Cäsar« sind die Decknamen für die Angriffsunternehmen. Von TAUROGGEN wird Richtung SCHAULEN ab 14./15.08.1944 angegriffen. Mehrere Flußabschnitte werden kämpfend überschritten. Nach Brückenschlag über die VENTA bei KURSENAS geht der Angriff nach Norden weiter. Der Kommandeur der I./26, Hauptmann Graf Rothkirch, stößt nun aus eigenem Entschluß mit nur sechs einsatzfähigen Panthern weiter vor und vernichtet dabei neun Feindpanzer, öffnet aber dabei den Panzergrenadieren den Weg für die Fortsetzung des Angriffs auf SCHAULEN. Er erhält dafür das Ritterkreuz. Bei diesem schnellen Vorstoß werden jedoch die Flanken immer länger und die Angriffskraft gegen den sich verstärkenden Feindwiderstand sinkt ab. In der Nacht vom 19./20.08. erfolgt deshalb der Befehl zum Einstellen des Angriffs auf SCHAULEN. Inzwischen ist General d.R. Graf Strachwitz mit seiner Panzergruppe über TUCKUM bis RIGA durchgestoßen. Die Panzergrenadierdivision »Großdeutschland« soll nun helfen, den Durchbruchskorridor zu erweitern. Nördlich AUTZ, Richtung DOBLEN, wird nun am 24.08. weiter angegriffen. Nach guten Anfangserfolgen kommt jedoch der Angriff im schwierigen Gelände, Sumpf, Waldstücke, Buschwerk, das der Feind gut zur Verteidigung mit überlegenen Kräften ausnutzt, etwa 8 km vor DOBLEN an einem stark ausgebauten und verteidigten Straßenkreuz zum Stehen. Die Gefechtsstärken sind abgesunken, kaum noch Panzer einsatzbereit.

Am 01.09.1944 verläßt der bisherige Divisionskommandeur, Generalleutnant von Manteuffel, die Division und übergibt diese dem Kommandeur des Panzergrenadierregiments, Oberst Lorenz, der sie bis Kriegsende führen wird. Das Eichenlaub zum Ritterkreuz erhält Oberleutnant Burg, 7. Kompanie Panzerregiment »Großdeutschland«, für einen erfolgreichen Durchbruch und Zerschlagen eines feindlichen Angriffs bei SCHAULEN. Der tapfere Kompaniechef der 7. Kompanie war Ende August im Panzerkampf tödlich getroffen worden. Die Beförderung zum Hauptmann hat ihn nicht mehr erreicht.

Panzerlage am 07.09.1944:	1	Panzer III
	2	Panzer IV
	1	Panzerbefehlswagen V
	19	Panzer VI
14 Tage Instandsetzung:	2	Panzer IV
	1	Panzerbefehlswagen
	14	Panzer VI

Anfang September wird die II. Abteilung des Regiments nach Abgabe der letzten Panzer herausgelöst und nach Ostpreußen verladen. Dort wird sie völlig neu aufgestellt und mit Sturmpanzern IV BK 7,5 cm L 70 (Panther-BK) ausgerüstet. Sie bildete dann den Grundstock für das Panzerregiment der »Führerbegleitdivision« (FBD) und erhält ab Januar 1945 den Kampfpanzer »Panther«. Die Panzerabteilung kämpft erfolgreich in der Ardenneoffensive in Belgien bei ST.VITH und BASTOGNE, später in POMMERN und NIEDER- und OBERSCHLESIEN sowie gegen Kriegsende in SPREMBERG. Schwache letzte Teile der ehemaligen II. Abteilung unter Führung von Hauptmann Probst gehen Anfang Mai 1945 im Raum TORGAU in amerikanische Gefangenschaft.

Major von Wietersheim verläßt die II. Abteilung und wird Kommandeur der I. Panzerregiment »Großdeutschland«, während Hauptmann Klemz die II. Abteilung übernimmt. Der bisherige besonders bewährte und ausgezeichnete Kommandeur der I. Abteilung, Major Pössl, Träger des Ritterkreuzes, wird Kommandeur des Panzerregiments 27, fällt aber am 25.09.1944 bei WARSCHAU.

Noch im August erhält die III. (Tiger-) Abteilung zwölf neue Tiger, so daß sie jetzt insgesamt über 41 Kampfpanzer Tiger verfügen kann. Am 23.08. ereignet sich 5 km nördlich AUTZ ein merkwürdiges Geschehen. Da befohlen war, abgeschossene Feindpanzer, um sie reparaturunfähig zu machen, völlig zu zerstören, nähert sich ein Tiger von vorn einem abgeschossenen Stalin-Panzer, um ihn völlig zu vernichten. Auf nächste Entfernung beschießt er den Stalin-Panzer. Dabei löst sich ein Schuß, der noch im Rohr des Stalin-Panzers war und trifft den Tiger, der ausbrennt und dessen Besatzung dabei umkommt.

Bei der Operation »CAESAR« im September gehen dann trotz eigener Erfolge bei starker Feindüberlegenheit sieben Tiger verloren. Anfang Oktober (03.10.) werden das Panzerregiment, das jetzt aus der III. Abteilung und der Panzerabteilung I./26 besteht, nach Süden verlegt, da man dort einen Großangriff aus dem Raum KOWNO auf Ostpreußen erwartet. Die Gruppe Langkeit mit unterstellter Panzer-Aufklärungsabteilung »Großdeutschland« trifft am 04.10. abends in TRYSKIAI ein. Jetzt haben die Sowjets einige Brückenköpfe über die VENTA erkämpft und die Gruppe Langkeit wird dort angehalten, um der 551. VGD zu helfen. Auch die Division wird abgelöst und in den Raum TRYSKIAI verlegt, da man vor der Front die Angriffsbereitstellung von 19 Schützendivisionen, fünf Panzerkorps und anderer Verbände erkannt hat. Der sowjetische Angriff kann am 05.10. von den Stellungsdivisionen zweimal abgewehrt werden, jedoch gelingt den Sowjets der Durchbruch beim dritten Angriff gegen die dezimierten Verteidiger. Die eintreffenden Teile der Division riegeln die Einbrüche ab und gehen zum Gegenangriff über. In der Nacht zum 06.10. verlegt die Gruppe Langkeit in die WINDAU-Stellung und kann dort mehrere feindliche Panzerangriffe vernichtend abschlagen.

Dann muß der Raum TRYSKIAI wegen der Flankenbedrohung aufgegeben werden. Leutnant Rossmann, I./26, mit noch sechs Panthern seiner Kompanie hat den Auftrag, das Ausweichen zu decken. Gegen stark nachdrängenden Panzerfeind schießt er fünf Feindpanzer ab. Er erhält Turmtreffer; sein Turm fällt aus. Trotzdem bleibt er am Feind. Allein auf sich gestellt, stellt er am Morgen fest, daß der Feind mit Infanterie und Pak in Rücken und Flanke steht, während sich gegenüber Feindpanzer zum Angriff bereitstellen. Eingeschlossen greift er zunächst den gefährlichsten Feind, die Panzer, an; vernichtet sofort sechs Panzer und sechs Pak und treibt den Rest in die Flucht. Dann erst kämpft er sich zur Gruppe Langkeit zurück, wobei er noch eine starke Feindeinheit mit 13 Pak und mehrere Lkw-Kolonnen auf der Straße vernichtet. Er erhält dafür das Ritterkreuz.

Besonders hart werden die Kämpfe bei LUOKE, wo der Gegner zahlreiche Panzer verliert und hohe Verluste erleidet. Die Division hält ihre Stellungen, droht jedoch beidseitig umgangen und eingeschlossen zu werden. Es wird deshalb nötig, die »Ostpreußenschutzstellung« in Höhe von MEMEL zu gewinnen. Man sichert zunächst bei TELSCHE, dorthin schlagen sich Tiger-Kampfgruppen, die bereits eingeschlossen waren, durch. Die Betriebsstoffkolonnen kommen kaum durch, deshalb entstehen Versorgungsprobleme, die insbesondere die größten Verbraucher, die Tiger, treffen, von denen einige leider gesprengt werden müssen. Bei einem Gegenangriff einer Kampfgruppe zur Unterstützung der Panzer AA »Großdeutschland«, die Leutnant Neumeyer, I./26, mit drei Panthern begleitet, fährt er den Schützenpanzern voraus, schießt sechs Feindpanzer ab, wird aber selbst durch Laufwerktreffer unbeweglich. Frei im Gelände stehend, im Kampf mit Pak und Panzern, vernichtet er zwei weitere Panzer, zwei Pak und mehrere Lkw. Er erhält Treffer um Treffer und mit dem neunten Treffer einen Durchschlag, der ihn an beiden Oberschenkeln verletzt. Er steigt in einen anderen Panzer und schießt zwei weitere Panzer ab, wird aber selbst abgeschossen. Nun kämpft er mit seinen Männern infanteristisch weiter. Dieser persönliche, sich auf den eigenen Angriff hervorragend auswirkende Einsatz wird mit dem Ritterkreuz belohnt. Das Aushalten der Division vorwärts der Ostpreußenstellung ermöglicht vielen anderen Verbänden das Abfließen nach Süden bzw. in den Brückenkopf MEMEL. Dagegen müssen sich nun die Einheiten und Verbände der Division »Großdeutschland« oft mitten durch angreifende Feindkräfte den Weg nach MEMEL frei kämpfen. Dabei werden kurz vor MEMEL fünf Tiger, die mit Turm 12 Uhr fahren, von eigenen Schlachtfliegern für

Feindpanzer gehalten und abgeschossen. Dabei gehen auch die Besatzungen verloren und fallen dem Irrtum zum Opfer. Die Tigerabteilung verliert so in den letzten Wochen insgesamt 18 Panzer als Totalausfälle. Im Kampfraum MEMEL unterstützen die restlichen Tiger und Panther des Regiments den Abwehrkampf der Füsiliere und Grenadiere, bis die Ablösung und der Seetransport über PILLAU in den Auffrischungsraum bei RASTENBURG-SENSBURG in OSTPREUSSEN Ende Oktober 1944 erfolgt.

Die bisher unterstellte I. Panzerregiment 26 unter Führung des Kommandeurs Hauptmann Graf Rothhirsch wird zu ihrer Stammdivision nach Ungarn entlassen, aber zur Neuaufstellung ins Reich verlegt und wird mit erneuerter Panther-Ausstattung I. Panzerregiment »Brandenburg«, wobei sie jedoch nie im Verband der Panzergrenadierdivision »Brandenburg« kämpfen soll, sondern im Raum Frankfurt zur Panzergrenadierdivision »Kurmark« stößt und dort den Kern des Panzerregiments bildet. »Brandenburg« und »Kurmark« sind ebenfalls »Großdeutschland«-Verbände, die 1944/45 aufgestellt werden. Letzte Teile der ehemaligen I./26, jetzt Panzerregiment »Kurmark«, kämpfen sich April 1945 aus dem Kessel von HALBE nach Westen durch, nachdem sie schwere, verlustreiche Kämpfe im Raum SEELOW-FRANKFURT/ ODER geführt haben. Als zum 01.11.1944 Oberst Langkeit Kommandeur der Ersatzbrigade in Cottbus und später Kommandeur der Panzergrenadierdivision »Kurmark« wird, übernimmt als letzter Kommandeur Oberstleutnant Bruno Kahl das Panzerregiment »Großdeutschland«.

Die schweren Panzerkämpfe des Jahres 1944 werden in einem Zeitraum geführt, in dem die materiellen und personellen Kräfte nicht mehr ausreichten, um der enorm gestiegenen Kampfkraft der sowjetischen Armeen begegnen oder gar noch große Erfolge abringen zu können. Die Übermacht scheint oft erdrückend. Kräfteverhältnis Panzer und Artillerie 1:10, teilweise darüber, dazu feindliche absolute Luftüberlegenheit. Das führt zu einer andauernden Überforderung von Führung und Truppe. Auftrag und Mittel stimmen schon lange nicht mehr überein. Wenn trotzdem erfolgreich gekämpft wird, so ist dies der überlegenen Kampfmoral, Führung, Ausbildung und Kriegserfahrung aller Panzersoldaten zuzuschreiben. Oft ist die Truppe erschöpft und ausgeblutet, das Material verbraucht und technisch unterlegen (Panzer IV = »fahrende Särge«). Junger Ersatz wird dennoch von den »alten Hasen« angelernt und eingegliedert. Trotz der schweren Rückschläge an der Ostfront, auch einem weit überlegenen Gegner gegenüber, ist der Kampfgeist zur Verteidigung der Heimat ungebrochen. Die Stimmung ist trotz allem zuversichtlich und das Vertrauen untereinander und zur Führung fest. Soldatische Qualitäten, selbstverständliche Kameradschaft sowie das Gefühl, sich jederzeit aufeinander verlassen zu können, führt zum Bewußtsein, auch einem personell und materiell weit überlegenen Gegner immer gewachsen zu sein.

Als im November 1944 durch Umgliederung und Neuaufstellung das Panzerkorps »Großdeutschland« gebildet wird und General der Panzertruppen von Saucken Kommandierender General dieses Korps wird, tritt nun auch ab 15.11.1944 die I. »Panther«-Abteilung »Großdeutschland«, jetzt unter Führung von Major von Wietersheim, zum Regiment zurück.

Rechte Seite: Kolonne des Panzerregiments »Großdeutschland« auf Straße nach WILKOWISCHKEN, August 1944.

Tiger der III./Panzerregiment »Großdeutschland« in Kurland, August 1944.

Tiger auf Sicherung, Kurland, August 1944.

Tiger nach vorn, September 1944, Kurland.

Panther der I./Panzerregiment 26, dem Panzerregiment »Großdeutschland« unterstellt, im Angriff in Kurland, August 1944.

Bahnverladene Tiger und Panther von »Großdeutschland«.

Oberst Langkeit, Kommandeur Panzerregiment »Großdeutschland« bis Oktober 1944.

Wegweiser der Panzergrenadierdivision »Großdeutschland« in Kurland mit »Lili-Marlen-Laterne«, Kurland 1944.

Schwere Feldhaubitze 15 cm beim Abfeuern.

Grenadiere mit jungen Kätzchen, 1944.

Grenadier holt sich Feuer vom Anzünder des Flammenwerfers, Division »Groß-deutschland«, Kurland 1944.

Beisetzung Oberleutnant Bremer, Sturmgeschützabteilung »Großdeutschland«.

Beisetzung Oberleutnant Bremer, 2./Sturmgeschützabteilung »Großdeutschland«.

Panther im Angriff in Kurland mit aufgesessener Infanterie, dabei ein Scharfschütze.

Einsätze der I. Panzerregiment »Großdeutschland« bei der 6. Panzerdivision im Raum Kowno-Rozan 1944

Die Stammabteilung des Regiments, die I. Panzerregiment »Großdeutschland«, war im Herbst 1943 zur Neuaufstellung und Ausrüstung mit dem Kampfpanzer »Panther« zunächst nach BOURGES, später nach CAMP MAILLY verlegt worden, ist ab 29.04.1944 der ebenfalls neu aufgestellten 116. Panzerdivision im Unterkunftsraum LES ANDELYS, nordwestlich PARIS an der SEINE, unterstellt. Nach Beginn der Invasion Juni 1944 wird ab 08.06. die Zuführung der I. Panzerregiment »Großdeutschland« in die NORMANDIE nördlich AMIENS und Unterstellung unter die 15. Armee befohlen. Die »Großdeutschland«-Panzer übernehmen hier den Schutz der Abschußbasen der V1. Vorher schon war Major Pössl, dem Kommandeur der Abteilung, der direkte Befehl zu einem völlig neuen Einsatz von Generalfeldmarschall Rommel übermittelt worden. Die Abteilung sollte der Division »Hitlerjugend« in der Gegend CAEN, die dort in schwerem Kampf gegen den gelandeten Feind war, zugeführt werden. Da aber der Verladebahnhof total zerbomt und die Entfernung für den Straßenmarsch zu groß war, unterbleibt dieser Einsatz.

Der erste Einsatz der V1 bringt neben der Vielzahl der Flugkörper – manchmal werden bis 48 Geschosse in einer Stunde gezählt –, aber auch manche Blindgänger und Fehlstarts in der Umgebung des I. Panzerregiment »Großdeutschland«, so daß man schon in Anlehnung an den Wehrmachtsbericht sagt: »Die I. Abteilung lag auch heute unter dem pausenlosen Beschuß der V1.« Dies hört allerdings nach einer Woche auf. Man hat den Fehler abgestellt.

Die I. Panzerregiment »Großdeutschland« ist wie folgend gegliedert:

Die vier Kampfkompanien besitzen je Zug fünf Kampfpanzer und zwei Kampfpanzer = 17 Kampfpanzer V, dazu ein Aufklärungszug mit fünf Kampfpanzer V, drei Befehlspanzer V für die Abteilungsführung und im Pionier- und Erkunderzug fünf Schützenpanzer, ein Fla-Zug mit drei 2-cm-Vierlings-FlaSFL in der Stabskompanie.

Im Werkstattzug, der neben der Versorgungskompanie vorhanden ist, befinden sich noch zwei Bergepanzer V.

Im September 1944 zeigt sie folgende Stellenbesetzung:

Kommandeur	Major von Wietersheim
Adjutant	Oberleutnant von Brockhusen
Ordonnanzoffizer	Leutnant Herold
Waffenoffizier	Leutnant Fick
Nachrichtenoffizier	Leutnant Bornscheuer
z.b.V.	Hauptmann Schmid
IV a	Oberzahlmeister Eichhorn
IV b	Stabsarzt Dr. Danner, Hauptmann Dr. Buckowitz, Unterarzt Dr. Franz
VK	Leutnant Vorwieger
Erkundungszug	Leutnant Elbern
1. Kompanie	Leutnant Bernhardt, Leutnant Hornbogen
2. Kompanie	Oberleutnant Vogel, Leutnant Reissner, Leutnant Zimmermann
3. Kompanie	Oberleutnant Pohlmann, Leutnant Liebscher
4. Kompanie	Leutnant Wächter, Leutnant Vogelsang
Versorgungskompanie	Hauptmann Bergsträsser, Leutnant Kranz
Werkstattzug	Oberleutnant Burkart

Aber die Zeit in der Normandie geht schon am 10.07.1944 zu Ende, denn die Abteilung wird im Blitztransport anch LITAUEN verlegt und dort der aus dem Reich kommenden 6. Panzerdivision unter General Freiherr von Waldenfels unterstellt. Am 11.07. treffen die ersten Teile der Abteilung in KOWNO ein und treten zum Panzerregiment 11 der 6. Panzerdivision der 3. Panzerarmee unter General Reinhard. Die Kämpfer im eingeschlossenen WILNA, die dort im härtesten Einsatz gegen eine Übermacht kämpfen, müssen herausgeholt werden. Zehn Kilometer westlich WILNA steht die Kampfgruppe Tolsdorf, ebenfalls vom Feind eingeschlossen. Die Wilna-Kämpfer haben Befehl, sich in der Nacht vom 12./13.07. auf die Kampfgruppe Tolsdorf durchzuschlagen. Der kühne Vorstoß über 50 km tief in den Feind soll am 13.07. erfolgen. Der Angriff beginnt planmäßig aus ungestörter Bereitstellung. Vorweg in der gepanzerten Gruppe rollen die Panther der I. Panzerregiment »Großdeutschland« und die Schützenpanzer des Bataillons Rausche des Panzergrenadierregiments 14; ein Batterie Panzerartillerieregiment 76 sowei die SS-Fallschirmjäger des Bataillons 500 folgen mit anderen Teilen des Regiments Stahl. Mit vorn bei der gepanzerten Gruppe fahren der Oberbefehlshaber der 3. Panzerarmee, Generaloberst Reinhardt, und auch General Freiherr von Waldenfels, der Divisionskommandeur. Der überraschende Durchstoß durch die Enge bei VIEVIS gelingt, und die Panzer brechen weiter bis auf den Abwehrring der Gruppe Tolsdorf durch. Jetzt wird die Ostfront der Kampfgruppe Tolsdorf an der WILLJA verstärkt und die Wilna-Kämpfer, die den Fluß durchschwimmen und durchwaten müssen, können aufgenommen werden. Sie kommen mit ihren Waffen und vielen Verwundeten, manche kaum bekleidet, um besser schwimmen zu können, aber in vorzüglichem Geist und guter Kameradschaft. Auch General Stahel, der Kommandant von WILNA, und ein weiterer General sind dabei. Die Wilna-Kämpfer werden verpflegt, Verwundete versorgt, dann wird alles auf die große Leerkolonne verladen, die rechtzeitig eintrifft.

Am Abend des 13.07. setzt der Feind zum Gegenangriff an und versucht, die langen Flanken abzuschneiden, was aber verhindert wird. In Höhe des Divisions- und Regimentsgefechtstandes kommt es zu einer Schießerei, als die Kolonnen abfließen wollen. Es stellt sich heraus, daß Divisions- und Regimentsgefechtsstand von Sowjets eingeschlossen sind, die auch die Straße sperren und Schützenpanzer abschießen können. Aber Major Pössls Panther machen schnell der Kolonne den Weg frei und ermöglichen den Kommandeuren den Ausbruch aus der Einschließung.

Die Panzer der I. Abteilung bleiben als letzte am Feind, bis die Wilna-Kämpfer versorgt und betreut sind, dann rückt die Gruppe Tolsdorf mit allen Troßfahrzeugen, Artillerie und Pak vollzählig ab. Erst dann lösen sich die letzten Panther vom Feind und rollen zurück. Ein Unternehmen, das über 50 km auf nur einer Straße, mitten durch angreifenden Feind, als außerordentlich kühne Tat erscheint, ist gelungen. In KOWNO werden die Wilna-Kämpfer neu eingekleidet und sind, da nur Zahlmeisteruniformen im Depot sind, nun als Zahlmeister bekleidet, sehr zur Verwunderung der anderen Soldaten. Schon am 15.07. tritt die gepanzerte Gruppe nach Süden am NJEMEN zu einem Gegenangriff auf einen feindlichen Brückenkopf bei ANTAKALNIA und KASPRIKAS. Die Panzer von Major Pössl werfen den Feind über den Fluß zurück, vernichten mehrere Bataillone, 26 Pak, drei Panzer, die Brückenstelle, Fähre und die Bereitstellung am jenseitigen Ufer. Es kommt nun darauf an, dem Gegner den

Zugriff auf KOWNO zu verwehren und möglichst eine stabile Front im sogenannten »BALTISCHEN LOCH«, der Lücke zwischen Heeresgruppe Mitte und Nord, aufzubauen.

Die 6. Panzerdivision löst diese Aufgabe zunächst angriffsweise. Am 16.07. wird auf starke, aufgeklärte, überlegene Feindkräfte mit vielen Panzern und Pak trotz großer Bedenken der 6. Panzerdivision gegenüber der Führung in Richtung HEMARIAI und DAZUNISKIAI angegriffen. Nach Anfangserfolgen kommt der Angriff gegen starken Widerstand und viele Minensperren zum Stehen. Drei (?) Panther gehen verloren, acht Panther werden beschädigt, so daß sie zunächst ausfallen.Am 21.07.1944 sind wieder 21 Panther einsatzbereit. Ein Panzerkorps der 5. Gardepanzerarmee der Sowjets ist gegenüber aufgeklärt. Am 29.07. beginnt der sowjetische Großangriff mit neun Infanteriedivisionen und einem Panzerkorps auf die Stellungen der 6. Panzerdivision. Bei den Abwehrkämpfen werden bei PABALINSKAI bis zu 30 Feindpanzer abgeschossen. Im Süden des Gefechtsstreifens der 6. Panzerdivision kämpft die I. Panzerregiment »Großdeutschland« unter Major Pössl einen schweren Panzerkampf, indem sie allein bis Mittag 20 Panzer abschießt. Als sich der Schwerpunkt des feindlichen Angriffs abzuzeichnen beginnt, rollen die Panzer dem Feind entgegen, vorweg ihr Kommandeur. Nach blitzschnellem Feuerkampf stehen bei APUSOTAS zwei T 34 in Flammen, eine Kompanie stößt nach ASMINTAJ vor, den Feind vor sich hertreibend und vernichtend. Feindpanzer greifen die Kompanien aus der Flanke an und werden abgeschossen. Kopflos, ohne Führung gelingt es einem davon, durch die Panzer durchzubrechen. Schon durch zahlreiche Treffer außer Gefecht gesetzt, rast er mit höchster Geschwindigkeit in die Panzer des Stabes hinein und erhält erst hier den Fangschuß. An anderer Stelle erhält Leutnant Liebscher, der erfahrene »Panzerschreck«, den Auftrag: »Links von ihnen in der Mulde, Feindpanzer vernichten.« Und schon pirscht er sich durch Mulden und Kornfelder gedeckt heran und nach 15 Minuten kommt die Meldung: »Alle vier T 34/85 vernichtet, Auftrag ausgeführt.« Als Gesamterfolge verbucht die Abteilung Pössl am 29.07.: 25 T 34/85, 16 Pak, dazu zahlreiche Fahrzeuge,Waffen und Geschütze vernichtet.

Die schweren wechselvollen Kämpfe halten an, überall versucht der Feind, den NJEMEN zu überschreiten. Die vorübergehend eingeschlossene I. Panzerregiment »Großdeutschland« kann sich jedoch zurückkämpfen, aber immerhin werden durch die 6. Panzerdivision bis zu sieben Feinddivisionen zerschlagen. Es gelingt aber nicht, die Brückenköpfe zu beseitigen. Die 6. Panzerdivision muß zudem nördlich mit Kampfgruppen aushelfen, da der Feind von SCHAULEN auf TILSIT zustößt. Die Tigerabteilung 510 mit 45 Tigern ist jetzt eine willkommene Verstärkung der Division. Am 30.07. durchbrechen die Sowjets mit weit überlegenen Kräften die Front südlich der 6. Panzerdivision und stoßen in breiter Front auf die Straße MARIAMPOL-KOWNO vor. Schließlich wird die 6. Panzerdivision beidseitig umgangen und muß sich beweglich kämpfend auf die Ostpreußenschutzstellung zurückkämpfen.

Am 30.07. sind bei der I./Panzerregiment »Großdeutschland« nur noch zwei Panther einsatzbereit. Am 01.08. wird in den Raum GRISKA-BUDIS ausgewichen. Sechs Panther werden bei der Nachhut eingesetzt. Danach erfolgen Abwehrkämpfe im Raum ZVIERGAICIAI und KARNISI.

Am 02.08. wird die 1. Kompanie vorsorglich nach WILKOWISCHKEN in die Ostpreußenschutzstellung verlegt, wohin die Division nachfolgt. Am 15.08.1944 kommt es bei einem Feindangriff mit anschließendem Gegenstoß einer Panzerkompanie der I./Panzerregiment »Großdeutschland« zu einem Mißverständnis und Gefecht mit eigenen Sturmgeschützen, das zu Verlusten führt. Am 17.08. führt die I. Abteilung erneut einen Gegenstoß nach einem Feindeinbruch sehr erfolgreich. Am 26.08.1944 wird nun die 6. Panzerdivision herausgelöst und in den Raum MACKHEIM-ROZAN verlegt.

Zwischen dem 26.08. und 03.09. ist Gelegenheit für eine kurze Wiederauffrischung der I./Panzerregiment »Großdeutschland«. Sie hat jetzt 26 Panther einsatzbereit und nur sieben Panther in 14 Tage-Instandsetzung.

Nachdem die 6. Panzerdivision bis 03.09. in den Raum ROZAN verlegt, stellt sich auch die I./Panzerregiment »Großdeutschland« südlich GOWOROWO zum Angriff auf die dort eingebrochenen Feindkräfte bereit.

Am 04.09.1944 führt der Vorstoß in südostwärtiger Richtung auf ZASTAWIE-SUSKIE-STARE zu einem vollen Erfolg. Am 10.09. wird ein Angriff mit vier Panthern auf DZBADZ unterstützt. Daraufhin stellt der Gegner auf Grund der erlittenen Verluste seine Angriffe ein. Anfang Oktober 1944 wird in den Raum MROCZKI-REBISZEWO marschiert, um den Brückenkopf über den NAREW bei NAPIORKI einzudrücken. Hier ist der Feind in der NAREW-Schleife zum Großangriff angetreten. NAPIORKI geht verloren und muß genommen werden. Am 07.10. läuft sich der Angriff zunächst vor NAPIORKI fest. Daraufhin umgeht Major von Wietersheim die Feindstellungen und bricht nach NAPIORKI ein. Elf T 34/85 werden dabei vernichtet.

Über diese Panzerkämpfe berichtet Oberfeldwebel Guth der 3./Panzerregiment »Großdeutschland«:

»Mitten im Sperrfeuer-Raum
Aus den Kämpfen unseres Panzer-Regiments in Polen 1944«

Den »Panther« mit der Nummer 321 der 3. Kompanie des Panzerregiments »GD« fuhr Anfang Oktober 1944 der Feldwebel Guth als Kommandant. Seine Besatzung bestand aus dem Richtschützen Unteroffizier Hellner, dem Ladeschützen Obergefreiten Hessberger, dem Fahrer Obergefreiter Heumüller und dem Funker Gefreiten Kohl. Der Gefechtsbericht des Kommandanten über die Einsatztage jener schweren Kämpfe in Polen schildert den ganzen harten Frontalltag unserer Panzerkameraden – am 6. Oktober fahren wir mittags in Bereitstellung in ein Kusselgelände westlich Napiorki. Dann treten wir zum Angriff auf den Ort an. Unser Wagen fährt als erster Halbzugführer im II. Zug der Eingreifkompanie Bernhard. Schon der Bereitstellungsraum liegt unter starkem Artilleriebeschuß, der sich während des Angriffs zum Trommelfeuer steigert. Tausend Meter nördlich des Waldes von Napiorki bleibt die Kampfgruppe befehlsgemäß stehen. Bis Einbruch der Dunkelheit hält das russische Feuer unvermindert an. Artillerie und Granatwerfer aller Kaliber sowie Pak und Panzer, Schlachtflieger und Bomberangriffe decken unsere Gruppe, ohne Infanterie auf freier Pläne stehend, vollständig ein. Wir bekämpfen erkannte Ziele am Wald- und Dorfrand und versuchen durch Feuerzusammenfassungen noch mehr Feindwaffen und Kräfte zu binden. Auch die Nacht über bleiben wir ohne Infanterie, unser Halbzug steht am rechten Flügel, dicht an einem Panzergraben zu unserer Angriffsrichtung. Links angelehnt ist die Kampfgruppe Wächter.

Der 7. Oktober bringt ein orkanhaftes Anschwellen des sowjetischen Feuers. Wir stehen allem Anschein nach in einem feindlichen Sperrfeuerraum! Oberleutnant Bernhard staffelt unsere Kampfgruppe noch mehr in die Tiefe. Er wird kurz darauf schwer verwundet. Leutnant Hornbogen übernimmt. Wir erwarten einen Angriff, der aber ausbleibt. Das feindliche Feuer hält jedoch unvermindert an. Dennoch bleiben wir den ganzen Tag und die Nacht entgegen aller Panzertaktik stur ohne Infanterie stehen. Russische Infanterie arbeitet sich im Schutz der Dunkelheit und des dicht aufsteigenden Nebels an uns heran. Diese Schützen des Gegners können infolge der äußerst behinderten Sicht nur mit Handfeuerwaffen und Handgranaten von den Besatzungen bekämpft werden.

Am 8. Oktober setzt sich gegen vier Uhr die Kampfgruppe bis zu unserem ehemaligen Bereitstellungsraum ab. Dort verbringen wir den 8. und 9. Oktober in Erwartung des gemeldeten sowjetischen Großangriffes, der dann am 10. Oktober um 9.30 Uhr durch ein anderthalbstündiges Trommelfeuer eingeleitet wird. Unser Gegenstoß führt in alter Formation in Richtung Napiorki. Zwölfhundert Meter nach unserer Bereitstellung treffen wir auf Massen sowjetischer Infanterie, die im konzentrierten Feuer aller unserer Panzer schnell aufgerieben sind. Unser Wagen vernichtet mehrere Maschinengewehre und Panzerbüchsen.

Dann kreuzen auch feindliche Panzer auf. Auf der Rollbahn, dicht vor dem Waldrand bei Napiorki, setzt reger Fahrzeugverkehr der Russen ein. Unser Wagen schießt vier Zugmaschinen mit aufgeprotzten Geschützen ab und kurz darauf ein Sturmgeschütz SU 85, das in Flammen aufgeht. Wir bekämpfen und vernichten weitere zwei Pak in Feuerstellung. Nachmittags besteht unsere Kampfgruppe, die am Morgen noch siebzehn Wagen (Panther) umfaßte, nur noch aus drei Panzern unter Oberfähnrich Jachimski, Feldwebel Willschrey und mir, alle anderen sind durch Feindeinwirkung entweder vernichtet oder einsatzunfähig. Der Rest unserer Kampfgruppe wird Oberleutnant Wächter unterstellt. Gegen Mitternacht setzen wir hinter den Panzergraben ab, versorgen dort und sichern dann zwei Kilometer vor der eigenen Infanterie.

Am 11. Oktober folgen wir kurz vor Morgengrauen auf die eigene Linie zurück und sichern an der Rollbahn Rozan-Mackein, ostwärts Saluze. Nach längerer Artillerie-Vorbereitung greift der Russe gegen zehn Uhr an. Wir fangen seinen Infanterieangriff an unserem ersten Graben auf. Feldwebel Zeugner, unser linker Nachbar, wird dabei von einem Feindpanzer abgeschossen.

Früh am 12. Oktober setzen wir uns weiter ab, versorgen in Saluze und beziehen eine hufeisenförmige Stellung anderthalb Kilometer südlich Saluze. Vom Westen her soll eine »Tiger«-Einheit zur Entlastung eingreifen. Unser Wagen steht linksaußen, angreifende Infanterie wird im Verein mit Pionieren abgeschlagen. Dann kommt von rechts ein Panzerangriff! Vor uns kreuzt ein »Stalin« JS 122 auf. Entfernung Tausend: wir beschießen ihn mit Panzergranaten frontal, nach mehreren Treffern bootet die Turmbesatzung aus. Der Panzer fährt trotzdem weiter und zeigt uns nun seine Breitseite. Trotz vieler Treffer durch Panzergranaten gelingt es uns nicht, ihn zu vernichten. Er scheint lediglich seine Bewegungsfähigkeit verloren zu haben und bleibt mit dem Bug in unserer Richtung stehen. Kurz darauf vernichten wir am Waldrand vor uns zwei Pak in Stellung und einen Munitionswagen. Nachmittags setzen wir uns überschlagend ab, der Russe folgt mit Panzern dichtauf. Wir ziehen im Hochwald sechshundert Meter nördlich Saluze unter. In der Nacht greifen wir trotz starken Nebels zweimal den bereits vom Feind besetzten Ort zur Entlastung unserer Infanterie an, die ihre Gräben wiedergewinnen will. Dann fahren wir nach einem Dorf und werden dort versorgt.

Am 13. Oktober um fünf Uhr greifen wir in Richtung Saluze erneut an, um das hartbedrängte Panzerregiment 11 (6.PD.) zu entlasten. Rechts von uns dringt der Russe in den Wald ein. Obwohl wir seine Infanterie in der Flanke fassen, gelingt es nicht, den Einbruch zu verhindern. Schon tauchen in Saluze Feindpanzer auf, ein T 34 wird von uns abgeschossen. Dann müssen wir zurücksetzen, da der Russe uns schon rechts und links überflügelt hat. In einer Waldschneise sichern wir das Zurückgehen unserer Infanterie, dabei überholt uns der Russe erneut. Nach weiterem Absetzen mit aufgesessener Infanterie machen wir einen Gegenstoß auf ein Dorf, das von sumpfigen Wiesen umgeben ist. Einige Wagen fahren sich fest und müssen im feindlichen Infanterie- und Werferfeuer geborgen werden. Darauf zieht unsere Kampfgruppe, nur noch sechs Wagen, zurück zur Auffangstellung südostwärts Ciciorki. Von den sechs verbliebenen Wagen sind mittlerweile nur noch zwei einsatzfähig: Oberleutnant Wächter und Leutnant Reissner. Wir anderen fahren in der Nacht zur Nahstaffel und in die Werkstatt. Unser Wagen hat starken Kettenschaden, außerdem ist die Optik unbrauchbar und der Richtschützensitz abgebrochen. Hellner hat die ganzen Gefechte halb knieend, halb stehend hinter der Richtmaschine fahren müssen!«

Nach Herausziehen der I. Abteilung stellt sich diese bei PRUSZKI bereit und greift, als der Feind zum zweiten Mal am 10.10. zum Großangriff antritt, sofort mit vollem Erfolg an. 24 T 34 und Sturmgeschütze, 23 Pak werden vernichtet. Über die Kämpfe berichtet die I. Panzerregiment »Großdeutschland« unter »Panzerkampf im Trommelfeuer« in der Soldatenzeitung »Der Panzer-Kamerad« der 6. Panzerdivision:

»Nach harten Kämpfen vom 5. bis 9. Oktober liegt die I./Pz.Rgt. »Großdeutschland« in dem Waldstück 1 km nördlich Pruszki als Gegenstoßreserve.

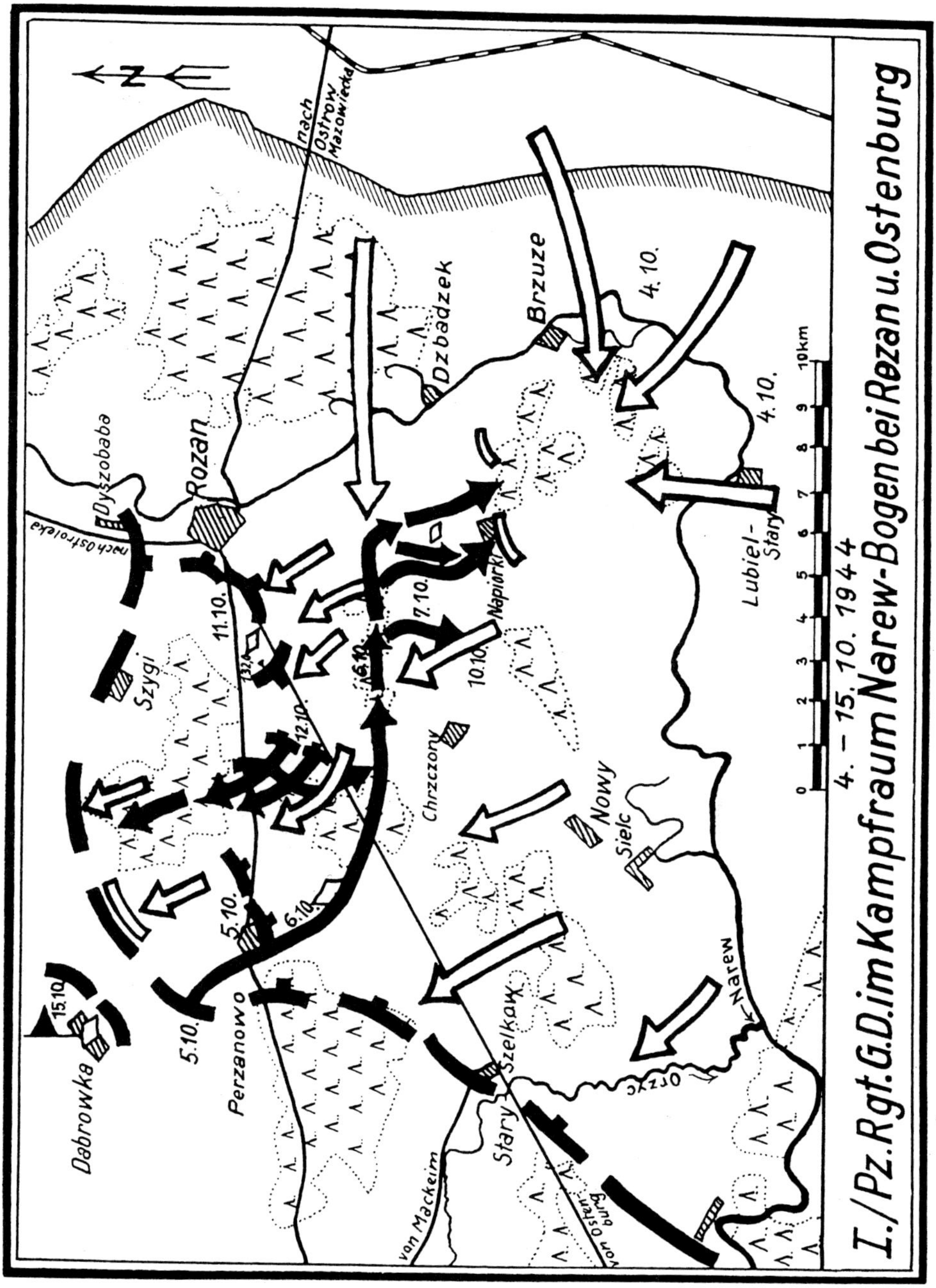
I./Pz.Rgt.G.D. im Kampfraum Narew-Bogen bei Rozan u. Ostenburg
4. – 15. 10. 1944
N
nach Ostrow Mazowiecka
nach Ostrolenka
Dyszobaba
Rozan
Dzbadzek
Brzuze
4.10.
4.10.
Lubiel-Stary
Napiorki
7.10.
6.10.
10.10.
11.10.
12.10.
Szygi
Chrzczony
Nowy Sielc
Narew
Orzyc
Szelkow
Stary
Perzanowo
5.10.
5.10.
6.10.
15.10.
Dabrowka
von Mackeim
von Ostenburg
10km

Am 10. Oktober 10 Uhr setzt schlagartig ein Trommelfeuer von bisher noch nicht erlebten Ausmaßen auf die HKL und den Raum der Sehnenstellung I ein. Major v. Wietersheim, der sich gerade mit seinen Offizieren in einem Bunker befindet, befiehlt sofort die Herstellung der Gefechtsbereitschaft. 10 Minuten später heulen die Motoren auf, und die Stahlkolosse wälzen sich über den Panzergraben nach Osten. Nach dem Überschreiten des Panzergrabens macht die Abteilung wie auf dem Übungsplatz eine Schwenkung nach Süden und tritt in breiter Front in dieser Richtung an. Vor ihr liegt eine Wand von Dreckfontänen und einschlagenden Granaten – ein Inferno von Feuer und Stahl. Abschuß, Einschlag, Artillerie, Pak, Granatwerfer sind in diesem dumpfen Brodeln nicht mehr zu unterscheiden. Der Kommandeur sitzt mit ruhiger Gelassenheit in seinem Befehlswagen – Funker und Mittelwellenfunker arbeiten mit jener Gelassenheit, die die Kampferfahrung von Dutzenden von Panzerangriffen mit sich bringt. »Hindurch durch das Feuer und ran, vorwärts!«

Was dich nicht umbringt ...

Die Panzer schießen sich hinein in den Qualm und Rauch. Die Besatzungen hören trotz aufgesetzten Kopfhörers jenes ekelhafte, widerliche Zischen, Pfeifen und Bersten der Vernichtung. Da liegt Mroczki-Rebiszewo! Das heißt, es war es einmal. Tiefschwarze Aschenflecke und einzeln noch ragende Schornsteine kennzeichnen die Stätte des ehemaligen Dorfes – da schlägt auch der Abteilung schon wütendes Feuer aller Kaliber entgegen – auf 50 Meter Bolschewisten in dichten Mengen, regimentsstark. Hornbogen, der die rechte Kompanie führt und Anschluß an den Panzergraben hat, pflastert dazwischen, daß es eine Freude ist. Vor ihm wird das Feld braun von sowjetischen Leibern. Als die Abteilung einen Augenblick verhält, um ihr Vernichtungswerk aus guter Stellung fortzusetzen, da tanzen auch schon wieder die Einschläge zwischen den Panzern, und jetzt klingt es bedrohlich von vorn, von links und rechts jenes knarrende Ratsch-Bum der russischen Pak. Oberleutnant Wächter, der die linke Kompanie führt, gelingt es, nach links Anschluß an die braven »Biermänner« zu gewinnen. Als er kaltblütig aus seinem Panzer steigt, um die Grenadiere einzuweisen, knallt ihm die Pak ein paar dicke Sachen auf die Bugplatte, so daß er seinen Wagen wechseln muß. Kaum sitzt er im neuen Wagen, da schieben sich aus dem Gebüschstreifen südlich Mroczki-Rebiszewo Feindpanzer und Sturmgeschütze heraus, von dicken Trauben von Infanterie begleitet. »Feuerschlag der Kompanie« brüllt er ins Mikrofon und dann gibt er ruhig und klar Entfernung und

Richtung an. Der Feuerschlag heult auf, und dann ist es um Panzer und Sturmgeschütze geschehen. Bei einem »Josef Stalin« steigt die Besatzung gleich vorsichtshalber mit aus und geht türmen. Vier Panzer und zwei Sturmgeschütze erhellen als brennende Fackeln das durch Qualm und Nebel verdüsterte Kampffeld. Ein »Josef Stalin«, der sich noch davonschleichen will, kriegt von dem alten, unerschrockenen Draufgänger Uffz. Larsen, der am 26. Oktober das Ritterkreuz des Eisernen Kreuzes für seinen 63. Panzerabschuß und die Verhinderung des Durchbruchs aus dem Brückenkopf verliehen bekommen hat, noch eine verpaßt, daß er das Wegfahren vergißt. Die sowjetische Infanterie ist durch diesen Schlag sichtlich erschüttert und will sich ergeben. Wächter kann sehen, wie boschewistische Kommissare von hinten wild dazwischenschießen. Als die feindliche Infanterie wieder die Waffen aufnimmt, bleibt ihm nichts anderes übrig, als sie mit MG-Feuer zusammenzuschießen. Einige Sowjets, die noch über Ackerfurchen wegkriechen wollen und deren Hintern ab und zu sichtbar werden, piekt er mit MG-Feuer in den »Allerwertesten« und erreicht damit eine wesentliche Beschleunigung der Bewegungen. Leutnant Hornbogen wird inzwischen von 25 rechts des Panzergrabens vorgehenden Feindpanzern stark bedrängt. Ein Salvengeschütz-Überfall auf die Stellung seiner Kompanie wirft ihm den Dreck handbreithoch auf den Wagen, so daß er, wie er später sagt, Blumen auf seinem Panzer hätte setzen können. Als Hornbogen eben die Bekämpfung der Feindpanzer aufnehmen will, bekommt er einen Paktreffer an die Kuppel und wird an der Hand verwundet. Die Bergepanzer leiten in unerhört schneidigem Einsatz die Bergung seines Wagens ein. Hornbogen steigt um, schießt auf dem Wege zum nächsten Panzer noch einige Bolschewisten nieder und macht zwei Gefangene. Als er seinen Fuß gerade auf die Laufrolle des neuen Panzers setzen will, reißt ein Paktreffer sie unter seinen Füßen weg. Mit dem Gleichmut des alten Kriegers steigt er trotzdem wieder ein.

… macht dich nur stark!

Die Verluste an Panzern sind bis zum Spätnachmittag empfindlich geworden. Major von Wietersheim, der mit seinem Panzer das Pech hatte, dauernd angepeilt zu werden und somit ständig Feuerüberfälle auf seinen Wagen gesetzt bekommt, befiehlt den engeren Zusammenschluß der Abteilung und feuert zum Durchhalten an. Bei Beginn der Dämmerung versucht der Feind, seine Angriffe mit Panzern, Sturmgeschützen und Infanterie erneut vorzutragen. Sie werden im Feuer der Abteilung zerschlagen und abgewiesen. Wieder erhellen Feindpanzer und Sturmgeschütze die beginnende Nacht. Danach gibt es der Iwan auf und nebelt sich ein. Als um 22 Uhr der Befehl zum Absetzen eintrifft, da der Gegner rechts schon weit vorbeigestoßen ist, kann Major von Wietersheim melden: »12 Stunden erreichte Stellung südlich Mroczki-Rebiszewo gegen laufende Feindangriffe gehalten. 23 Panzer und Sturmgeschütze, mindestens gleiche Anzahl Pak vernichtet, wenigstens 500 Feindtote und zwei Gefangene eingebracht.«

I./Pz.Rgt. G.D.«

Am nächsten Tag wird nach Norden über die Straße OSTENBURG-ROZAN in Richtung ZALUSIE-ROZAN angegriffen. Feindliche Gegenangriffe werden zurückgeschlagen. Ein Panther geht verloren. Inzwischen werden die eigenen Sicherungslinien durch gegnerische Kräfte umgangen, was zum Ausweichen und Sammeln der Abteilung im Raum LIPUIKI-CZWERWONKA führt. Am Morgen des 15.10. greift die I. Panzerregiment »Großdeutschland« durch den Waldlauf den Nordteil von ZALUSIE an, läuft aber auf überlegenen Gegner mit schweren Panzern und Sturmgeschützen auf und löst sich vom Gegner. Der Feind führt hier wiederum schwere Sturmgeschütze ins Gefecht, deren Frontpanzerung mit der Munition der 7,5 cm BK der Panther auf mittlere Kampfentfernung nicht durchschlagen werden kann. T 34/85 sind ebenbürtige Gegner. Daraufhin wird über PONIKIEW nach SOJE vorgestoßen und Aufklärung vorgetrieben. Bis 29.10. dauern die Kämpfe im Raum MACKOW-ROZAN-ORLOWO an, dann wird die 6. Panzerdivision für einen erneuten Angriff südlich und nördlich von OSTENBURG im PELTA-Abschnitt angesetzt. Hier greift die Panzergruppe von Wietersheim mit aufgesessenen Panzergrenadieren des Bataillons Hoffmann an. Lassen wir Leutnant Herold von der I. Abteilung berichten:

»Mitreißender Angriffsgeist« im »Panzer-Kamerad«
Hervorragend kämpfende Grenadiere nehmen Vorwerk Olszak

»Es ist wie immer in jenen Tagen am Narew. Man hat sich schon daran gewöhnt. In dem diesigen Nebel des Herbstmorgens vom 30.Oktober trommelt die sowjetische Artillerie, dann klammern sich unsere Grenadiere an die schützende Erde, mit angespannten Gesichtern, bleich, unrasiert, mit jener dumpfen Wut, die die Ohnmacht gegenüber dem Material erzeugt, mit zusammengebissenen Zähnen und mit der heiligen Überzeugung vom Sinn unseres Kampfes im Herzen. Dann kommen die Bolschewisten siegestrunken, – sie haben seit Monaten nur Erfolge gehabt, Infanterie, Panzer, Sturmgeschütze – es sind so viele.

An diesem Tage trifft sie der Blitzstrahl unseres Angriffs, alles versengend und zerschmetternd. Eine Tat, die einen aufjubeln läßt vor stolzer Freude! Es lebt noch der Geist des stürmenden Schwunges, den wir aus den Weiten des Ostens kennen. Die Panther-Abteilung »Wietersheim«, die seit Monaten in kameradschaftlicher Verbundenheit Schulter an Schulter mit dieser Panzer-Division kämpft, tritt unter ihrem schwungvollen Kommandeur Major Wietersheim mit dem kampferprobten Bataillon Hoffmann an, um den Bolschewisten die Höhe 107 nördlich Majorat wieder zu nehmen. Nach hartem Kampf, der sich über zwei Stunden hinzieht, ist die Höhe um 19 Uhr wieder unser.

Mitten in den Feind hinein

Die Nacht senkt sich über das Kampffeld, die Orientierung wird schwierig. Trotzdem ist in allen Männern der Gedanke: Jetzt weiter!

Um 23 Uhr tritt die Kampfgruppe wieder an. Schon nach wenigen 100 Metern stehen die Panther mit den aufgesessenen Hofmännern mitten im Feind. Rudel von Bolschewisten rennen zwischen den Panzern herum. Schlagartig setzt starkes feindliches Artilleriefeuer ein – der Himmel wird zuckend erhellt von den Abschüssen und Einschlägen. Wie gierig greifende Finger schieben sich die Leuchtfäden der Stalinorgel in den Himmel, heulen herüber und stürzen sich brüllend in die Erde. Einschlag sprüht neben Einschlag hoch. Doch jetzt rattern unerbittlich die MG, peitschen die Garben in die schemenhaft huschenden Gruppen. Die Panzergrenadiere werfen Handgranaten hinunter in die Löcher. Hellauf zucken die Detonationen. Die Bolschewisten kämpfen verbissen. Immer wieder versuchen sie, Handgranaten auf die Panther zu schleudern, auf denen unsere Grenadiere hocken. Zwischen den Panzern zerplatzen Granatwerfereinschläge und da – da ist unser Feind, da ist Pak – eine, zwei, vier – überall Mündungsfeuer! Oberleutnant Pohl und Leutnant Vogel, der damals als dritter Soldat des Heeres das Deutsche Kreuz in Gold erhielt, stehen mit ihren Kompanien vor der Pak-Front. Vor Pohl ist der Abschuß so dicht, daß er nur brüllen kann: »Drüber!« Langsam schieben sich die Ketten über die Holme und das Rohr der Pak, krachend zersplittern Schutzschild und Räder. Die restlichen Pakbedienungen flüchten nach Osten.

Um 01.30 Uhr überschreitet die Kompanie Vogel bereits die Straße Ostenburg-Karniewo nördlich des Vorwerks Olszak und stößt bis zum Pelta-Abschnitt vor. An der Pelta drängen sich Panzer, Lkw und Infanterie des Feindes. Das brennende Vorwerk Olszak erhellt mit rötlichem

Licht das Bild eines wirren Durcheinanders: Fahrzeuge aller Art sind auf der Flucht den sumpfigen Hang hinuntergefahren und dort steckengeblieben – dazwischen suchen flüchtende Bolschewisten Deckung. Die feindliche Artillerie schießt Sperrfeuer, zwischen den vom Brand beleuchteten Panzern spritzen die Einschläge hoch. Unbeirrt schießen die hervorragend kämpfenden Grenadiere auf den Panzern weiter. Trotz Sperrfeuer wird das Vernichtungswerk fortgesetzt. Röhrend verläßt Granate auf Granate das Rohr.

Als aus dem Vorwerk Olszak der Widerstand wieder auflebt, reißt Major von Wietersheim die Kompanie Vogel herum und attakiert mit ihr das Vorwerk mit einem Elan, der alle Besatzungen hochreißt. Vorwerk Olszak ist unser!

Oberleutnant Pohl hat in der Zwischenzeit ebenfalls die alte HKL wieder erreicht und zerschlägt im zusammengefaßten Feuer alle Gegenstöße. Als um 6 Uhr die Kampfgruppe Wietersheim nach durchgeführtem Auftrag zurücksetzt, hat sie neben dem Erfolg von zwei T 34, acht Sturmgeschützen, 14 Lkw, 22 Pak, einem Mun. Schlepper, fünf Granatwerfern sowie vielen Feindtoten einen noch größeren:

Nach Wochen der Abwehr ein Panzerangriff wie in alten Tagen – der uns das Bewußtsein wiedergab: Wenn einmal die große Stunde kommt, werden wir antreten mit dem gleichen Schwung, mit dem wir stürmend Länder durcheilten und Armeen zerbrachen! Wir haben noch den Panzergeist!

Leutnant Herold
Pz.-Abt. Wietersheim«

Der kühne Angriff der 6. Panzerdivision trifft den Feind, Teile der 3. weißrussischen Front, mit vier Schützendivisionen, zwei Panzerregimentern, drei Sturmgeschützregimentern und zwei Salvengeschützregimentern so vernichtend, daß er bald seine Angriffe einstellen muß. Nach Abschluß der Kämpfe wird die I. Panzerregiment »Großdeutschland« aus dem Verbund der 6. Panzerdivision entlassen und kehrt zur Panzergrenadierdivision »Großdeutschland« zurück. Im Raum MILAU (MLAWA) wird aufgefrischt und danach in den Raum SENSBURG verlegt.

Rechte Seite: Panther der I. Panzerregiment »Großdeutschland« vor Schleppdach im Camp MALLY, 1944.

Panther der I. Panzerregiment »Großdeutschland« in MALLY, Juni 1944.

Panther in MALLY, 1944.

Abtransport von der Normandie zur Ostfront. I./Abteilung Panzerregiment »Großdeutschland«, Juli 1944.

Anschlag auf Panzertransport der I. Panzerregiment »Großdeutschland«, Normandie/Frankreich, 1944.

Bahnsprengung bei Anschlag auf Panzertransport, November 1944.

Besatzung des 321 (3. Kompanie, 2. Zug, 1. Wagen) der I./Panzerregiment »Großdeutschland«, Juli 1944.

Oberfeldwebel Guth mit Besatzung 321, August 1944.

Panther der I./Panzerregiment »Großdeutschland« mit aufgesessenen Fallschirmjägern bei WILNA, Juli 1944.

Rechte Seite: Panther der I./Panzerregiment »Großdeutschland«, Juli 1944, im Raum bei KOWNO.

Panther mit Besatzung der I. Panzerregiment »Großdeutschland«, Juli 1944. Die Fertigungsnummer des Panzers unter der KWK ist gut erkennbar.

Die I./Abteilung Panzerregiment »Großdeutschland«, Juli 1944, KOWNO.

Panther im Raum KOWNO, 1944.

Marschunfähiger Panther der I./Panzerregiment »Großdeutschland« wartet auf Abschlepphilfe, August 1944.

Panzerbergung mit Bergepanzern der I./Panzerregiment »Großdeutschland«, 1944.

Panther der I./Panzerregiment »Großdeutschland« mit Laufwerkschaden wird durch Bergepanzer geborgen und abgeschleppt, 1944.

Blick auf Kommandantenkuppel eines Panthers.

Panther 321 (Kommandant Oberfeldwebel Guth) der I./Panzerregiment »Großdeutschland«, Juli 1944.

Oberst Schmidt, Kommandeur Panzerregiment 11 der 6. Panzerdivision und Hauptmann Schmidt, I./Panzerregiment »Großdeutschland«.

Major Pössl, langjähriger und bewährter Kommandeur I./Panzerregiment »Großdeutschland«.

Leutnant Pössl 1937 und Ritterkreuzträger Major Pössl 1944: Wandlung und Reife zum Führer und Kämpfer. Er war Leutnant im österreichischen Panzerwagenbattaillon und fiel als erfolgreicher und bewährter Abteilungskommandeur der I./Pz.Rgt. »Großdeutschland«.

Besprechung mit Major Pössl. Beachtenswert die mausgrauen Drillichanzüge, die im Pz.Rgt. GD sehr beliebt waren.

Panzerbesatzung beim Tarnen des Panthers.

I./Panzerregiment »Großdeutschland«. Hauptfeldwebel, »Spieß« genannt, bringt Verpflegung und Post im VW-Kübel.

I./Panzerregiment »Großdeutschland«, Pionier-MTW des Pionier- und Erkunderzuges der Stabskompanie mit Besatzung.

Unteroffizier Zeier kontrolliert als Fahrer die Tarnung des Panzers.

Panther beim Beziehen einer Feuerstellung.

Panther der I./Panzerregiment »Großdeutschland«, Vorbereitung zum Gefecht.

Panther der 7. Panzerregiment »Großdeutschland« im Angriff in Kurland. Im Vorfeld angreifende Panzergrenadiere.

Panther der I./Panzerregiment »Großdeutschland« rollen zum Angriff.

Schwere 15-cm-»HUMMEL« – Panzerhaubitze in Feuerstellung.

Oberleutnant von Brockhusen, Oberleutnant Wächter bei Auszeichnung eines bewährten Feldwebels, I./Panzerregiment »Großdeutschland«.

Einsatzbesprechung mit Kommandeuren der Panzergrenadiere. Major Pössl und Generalleutnant von Waldenfels, Kommandeur 6. Panzerdivision, Juli 1944.

Generalleutnant von Waldenfels, Kommandeur 6. Panzerdivision, bei Befehlsausgabe, Juli 1944 im Raum KOWNO.

Gefreiter Rudolf Zeier, der spätere Fahrer des Kommandeurpanzers von Major Pössl.

Oberleutnant von Brockhusen (Stabswagen), bewährter Panzerkommandant im Juli 1944 der I./Panzerregiment »Großdeutschland«.

Offiziere der I./Panzerregiment »Großdeutschland« im Kfz 15 (Stabswagen).

Einweisung in Lage und Auftrag I./Panzerregiment »Großdeutschland«, Juli 1944.

Panther der I./Panzerregiment »Großdeutschland« rollen ins Gefecht, Juli 1944.

Panther der I./Panzerregiment »Großdeutschland« im Feuerkampf mit Feindpanzern.

Befehlspanzer von Major Pössl vor dem Einsatz.

Oberleutnant von Brockhusen und Major Pössl am Befehlspanzer. Man beachte den guten Stiefelputz von Major Pössl!

Major Pössl in Ruhe auf der Kettenabdeckung seines Befehlspanzers.

Major Pössl hat sogar eine Leiter zum Aufsitzen auf seinen Panzer.

Major Walter von Wietersheim, zunächst Kommandeur II./Panzerregiment »Großdeutschland«, ab 1.9.1944 Kommandeur der I./Panzerregiment »Großdeutschland«.

Major Pössl, I./Panzerregiment »Großdeutschland«, Juli 1944.

Der Durst will gelöscht sein. Männer der I./Panzerregiment »Großdeutschland«, August 1944.

Tierliebende Soldaten, das Maskottchen des Stabes I./Panzerregiment »Groß-deutschland«, August 1944.

Ein guter Schluck nach anstrengender Bahnverladung.

Bahnverladung I./Panzerregiment »Großdeutschland«.

Panther der I./Panzerregiment »Großdeutschland« im Vorrollen.

Panther der I./Panzerregiment »Großdeutschland« bei KOWNO.

Die I./Abteilung des Panzerregiment »Großdeutschland« beim Angriff im Morgengrauen mit Panzergrenadieren, September 1944.

I./Panzerregiment »Großdeutschland« im Angriff, September 1944.

Grabstelle des tapferen Leutnants Machatschek, 3./Panzerregiment »Großdeutschland«, Juli 1944 bei KOWNO.

Gegenangriff, Verzögerung sowie letzte Kämpfe in Ostpreußen

Die Aufstellung des Panzerkorps »Großdeutschland« als geschlossener Verband im Raum SENSBURG-RASTENBURG schwächt besonders die Panzergrenadierdivision »Großdeutschland« durch Abgaben. So verläßt die Sturmgeschützbrigade »Großdeutschland« die Division und stößt zum Schwesterverband »Brandenburg« und stellt dort die gepanzerte Stoßkraft dar, bis andere Panzerverbände eintreffen. Auch ein Teil der Artillerie und andere Verbände verlassen die Division. Auf Grund der sich zur Jahreswende abzeichnenden Lage soll aber eine Division in den Raum WILLENBERG-CHORZELE verlegt werden. Erste Teile werden verladen bzw. marschieren ab. Bald folgt die ganze Panzergrenadierdivision »Großdeutschland«. Es wird damit gerechnet, daß das ganze Korps dort vereinigt wird, um geschlossen eingesetzt zu werden. Doch es kommt anders.

Schon im Herbst werden Panzerkräfte für die »Ardennenoffensive« im Westen von der Ostfront abgezogen. Anfang Januar verfügt Hitler gegen den Rat seiner nächsten »Führergehilfen« weitere nicht mehr tragbare Entblößungen der Ostfront, um die neue deutsche Westfront nach Scheitern der »Ardennenschlacht« abzustützen. Außerdem wird ein SS-Panzerkorps in Ungarn eingesetzt. Diese Kräfte fehlen im Osten angesichts der gewaltigen und gefährlichen Übermacht der Sowjetarmeen, die Hitler bei einer ihm immer wieder vorgetragenen Feindbeurteilung wegwerfend als »den größten Bluff seit Dschingis Khans Zeiten« bezeichnet: So stehen an der 700 km langen Front auf deutscher Seite nur geschwächte Infanteriedivisionen, Volksgrenadierdivisionen, Alarmeinheiten, Sicherungsdivisionen und Volkssturm, während nur vereinzelte Panzerdivisionen eine schwache Reserve bilden. Churchill hatte Stalin zu einem früheren Beginnen seiner Großoffensive aufgefordert, um den westalliierten Truppen Entlastung zu verschaffen. So marschieren im Rahmen der Januar-Großoffensive an der gesamten Ostfront im Raum Ostpreußen zwei Fronten auf. Es ist die 3. Weißrumänische Front unter General Tschernajakowski mit 54 Schützendivisionen, zweo Panzerkorps und neun selbständigen Panzerverbänden mit Ziel KÖNIGSBERG. Dazu die 2. Weißrussische Front unter Feldmarschall Rokossowski mit etwa gleicher Stärke mit Auftrag, von Süden in Ostpreußen einzubrechen, nach Norden zur Ostsee durchzustoßen, um Ostpreußen vom Reich zu trennen. Das kalte Winterwetter im Januar 1945 begünstigt den sowjetischen Angreifer besonders. Die Schneedecke ist nicht sehr hoch, die Temperaturen liegen seit einiger Zeit bei –15° bis –20°C, so daß auch das Gelände gut gangbar ist, fast alle Flüsse und Seen sind zugefroren. Als nun am 12.01.1945 der sowjetische Großangriff mit dem vernichtenden Artilleriefeuer und stärkstem Luftwaffeneinsatz zur Unterstützung der angreifenden Panzer- und Infanterie-Massen beginnt, reißt ein Führerbefehl das Panzerkorps »Großdeutschland« auseinander, der Korpsstab mit Korpstruppen und die Panzergrenadierdivision »Brandenburg« sollen in den Raum LODZ verlegen, wohin sie nach tagelangen Mühen auf den Weg gebracht werden. Dieser Führerbefehl trennt die beiden Panzergrenadierdivisionen für immer!

Am 12.01.1945 wird die Panzergrenadierdivision »Großdeutschland« alarmiert, und so rollt sie am 13./14.01. nach Süden mit Auftrag, den Übergang der Sowjets über die ORZYC zu verhindern, dort einerseits zu verteidigen und andererseits bei PRASCHNITZ nach Süden anzugreifen, um den dort vermuteten angreifenden Feind zurückzuwerfen. Die I./Panzerregiment »Großdeutschland« verlegt von CHORZELE nach kurzem Halt im Lager MILAU (MLAWA) über PRASCHNITZ nach WEGRZYRNOWO und nimmt Verbindung zu den dort befindlichen Grenadieren auf. Die III. (Tiger-) Abteilung greift zusammen mit dem Füsilierregiment im Raum KRASNOSIELE und STARY an.

Dem Panzerregiment und hier der III. Abteilung ist seit einiger Zeit die Panzerabteilung (FKL) (Funklenk) mit 30 Lenkpanzern, Sturmgeschützen III und 60 B IV C (FKL, gepanzerten Ladungsträgern) unter Major Sahmel unterstellt. Diese Panzerabteilung (FKL) verlegt ab 25.12. in das Lager MILAU und hält sich dort bereit, besitzt aber kaum Winterbekleidung für das Personal, kaum Treibstoff, so daß die B IV C nicht gewartet und überprüft werden können, was für den erfolgreichen Einsatz dieser neuen Waffe besonders wichtig und unerläßlich ist. Die ersten Einsätze bei den Füsilieren gegen Ortschaften verlaufen erfolgreich, jedoch verhindern schwieriges Gelände, Treibstoffmangel und die Lage weitere Erfolge.Die Sturmgeschütze werden zur Unterstützung der Infanterie und bei der III. Abteilung zum Teil zugweise eingesetzt. Der Erfahrungsbericht des Panzerregiments und der Panzerabteilung 302 (FKL) schildert deutlich die Verhältnisse und Zwänge der Lage (Anlage).

Die Angriffsgruppen Tiger-Abteilung und Füsiliere, dabei die Sturmgeschütze der FKL-Abteilung, greifen auf DWORSKIE und GASEWO an. Auch die Grenadiere mit der I. (Panther-)Abteilung gewinnen nach Südosten Raum. Dabei stellt sich heraus, daß der Angriff mitten in den Strom angreifender bzw. vorgehender, überlegener feindlicher Kolonnen von Panzern, Infanterie und Artillerie hineinstößt. Wo die Sowjets nicht ausweichen oder gar fliehen, werden sie überrollt und mit zusammengefaßtem Feuer aller Waffen vernichtet. Trotzdem ist die Flut des mehr als 10fach überlegenen Feindes nicht aufzuhalten. Ein Bataillon wird im Angriff von sowjetischen Kräften eingeschlossen und muß von Tigern und Schützenpanzern herausgehauen werden. Den Angriffsschwung ausnutzend stößt man nach WOLA PIENICKA durch und nimmt den Ort. Die Tiger der III. Abteilung kommen sogar noch bis DWORSKIE. Drei Tiger mit Leutnant Oertel und wenigen Füsilieren nehmen noch einen Teil des Ortes GASEWO. Da der Betriebsstoff nicht ausreicht und der Nachschub nicht durchkommt, müssen diese weit vorgeprellten, schwachen Teile aber noch in der Nacht vom 15. auf 16.01. zurückgenommen werden. Man beobachtet, daß die Sowjets sich in ihrem Vormarsch so sicher fühlen, daß die Kolonnen mit aufgeblendeten Scheinwerfern sich ihren Weg suchen. Die Stoßgruppe der Grenadiere mit der I. Abteilung und ihren Panthern greift von GOLOWIWY nach Osten am 15.01. an. Sie trifft jedoch nach einigen Kilometern auf eine Pak- und Panzerfront, die sie mit schwerem Feuer überschüttet. Man nimmt den Feuerkampf auf. Dabei werden die Panther von Oberfeldwebel Czubalko (4.Kompanie) und Leutnant Sutter brennend abgeschossen. Leutnant Sutter (4. Kompanie) kann sich trotz schwerer Verwundungen zum Hauptverbandplatz durchschlagen. Aber auch die Panther von Oberleutnant Vogel und Leutnant Reissner (4.Kompanie) werden bei diesem Gefecht abgeschossen. Im Dorf BOROWE, das noch genommen wird, stehen schwere abgeschossene Stalin-Feindpanzer, die dort vernichtet wurden. Aber der Druck der gewaltigen Übermacht dauert an. Die Sowjets sind zwar vorübergehend aufgehalten, aber nicht völlig zum Stehen gebracht. Das Artillerie-, Mörser- und Salvengeschützfeuer steigert sich unaufhörlich. Man hört das Rasseln der Ketten vieler Panzer und deren Motorengeräusch. Die Panzerbesatzungen und Panzergrenadiere ahnen und fühlen, daß sie nur auf sich gestellt einem übermächtigen Gegner gegenüberstehen. In dieser Lage erreicht ein Führerbefehl zum Herauslösen der Panzergrenadierdivision »Großdeutschland« am 16.01.1945 die Division. Beim Herauslösen und Ausweichen aus den gewonnenen Stellungen stoßen die Sowjets mit weit überlegenen Panzer- und Infanterie-Großverbänden sofort nach. Ihre Luftwaffe beherrscht den Raum mit Bombern, Schlachtfliegern und Jagdmaschinen. Das gute Wetter begünstigt sie. Mit allen Mitteln wird versucht, die in die Tiefe des deutschen Raumes eingedrungenen und weiter im Vormarsch befindlichen Sowjettruppen aufzufangen und zum Stehen zu bringen. Sie stoßen bereits nach Norden vor und bedrohen die eigene tiefe Flanke. Die I. (Panther-)Abteilung wird zusammen mit den Füsilieren und Teilen des Artillerieregiments über PRASCHNITZ nach MILAU in Marsch gesetzt. Nach Verlassen von LESNIEWO vernichtet die 4. Kompanie bei KOZICYNEK nach kurzem Duell sechs Feindpanzer. Als auf Funkbefehl die 4. Kompanie (Leutnant Vogelsang) und die 1. Kompanie (Leutnant Liebscher) nach Nordwesten abgedreht werden, um dort bei GRUDUSK Feindpanzer anzugreifen, finden sie dort keinen Panzerfeind vor. Allerdings müssen sich die Panther und Schützenpanzer auf dem Marsch nach MILAU öfter gegen feindliche Spähtrupps und Feindspitzen zur Wehr setzen. Die Flankenbedrohung wird immer gefährlicher und zwingt ab 18.01. zur Zurücknahme der eigenen Kräfte. So verteidigt zeitweise, unterstützt von Tigern der III. Abteilung, das III. Panzergrenadierregiment den Ort CH. KUCHNY. Zusammen mit Panzergrenadieren und 2 cm Fla-Geschützen und Tigern werden Gegenstöße gefahren, wobei dem Gegner empfindliche Verluste zugefügt und der eigenen Truppe Luft für das Ausweichen geschaffen wird.

Bei GRUDUSK schießt die I. (Panther-) Abteilung elf von zwölf angreifenden Feindpanzern ohne einen eigenen Verlust ab. Die Straße GRUDUSK-MILAU soll bereits vom Feind besetzt sein. Zum Freikämpfen werden die Panther der I. Abteilung zusammen mit Korpsfüsilieren angesetzt. Doch dazu kommt es nicht mehr, da die 1. Kompanie (Leutnant Liebscher) bereits bei BOROWE in schwere Panzerkämpfe verwickelt wird. Die Panzer der anderen Kompanien müssen der 1. Kompanie helfen und können den Feind abwehren. Die Lage wird immer verworrener. Feindpanzer tauchen überall auf, Infanterie sickert ein; Vermutungen, daß der Feind bereits auf der Straße MILAU-NEIDENBURG im Vormarsch ist, scheinen sich zu bestätigen. In MILAU wird gekämpft. Die Panther-Kompanien der I. Abteilung marschieren jetzt nach Norden und Nordwesten entlang der Straße nach NEIDENBURG, immer wieder in Kämpfe mit angreifenden Feindpanzern verwickelt. Leutnant Kunze schießt dabei drei T 34 ab.

Zusammen mit den Panthern marschiert das I. Panzerkorps Füsiliere, die Kampfgruppe Fabich. Bei WETZHAUSEN stößt man auf stark ausgebaute Stellungen des Feindes mit Pak und Panzern. Nur ein Sofortangriff kann helfen. Nach kurzer Bereitstellung wird angegriffen, kaum noch Treibstoff in den Tanks der Panzer und Kfz. Der tapfere Leutnant Kunze und Feldwebel von Remmen fallen bei diesem kühnen Angriff. Drei Feindpanzer werden vernichtet, aber der Feind ist zu stark. Die Kampfgruppe muß nach Westen ausweichen, verliert viele Fahrzeuge aus Betriebsstoffmangel und erreicht NEIDENBURG. Die Hoffnung auf eine kurze Kampfpause trügt. Am 19.01. greifen zahlreiche Stalin-Panzer an und stoßen nach NEIDENBURG zusammen mit Infanterieverbänden hinein. Die Zivilbevölkerung, nicht gewarnt, flieht. Die wenigen »Großdeutschland«-Verteidiger müssen nach Nordosten in Richtung auf die eigene Division ausweichen. Der Gegner steht mit starken Kräften weit im Rücken bzw. in der tiefen Flanke und stößt Richtung ELBING weiter vor. Im südlichen Ostpreußen verzögert die stark geschwächte Panzergrenadierdivision »Großdeutschland« mit ihren Grenadieren und Füsilieren, deren Kompanien kaum 20-30 Soldaten besitzen, in einem breiten Schleier das Vorgehen des Feindes und ermöglicht so die Fluchtbewegungen der Zivilbevölkerung. Immer wieder brechen Sowjetrudel durch, werden abgefangen. Die Panther der I. Abteilung und die Sturmgeschütze der FKL-Abteilung sowie die wenigen Tiger treffen mit überraschenden Gegenstößen. Die sowjetische Luftwaffe greift mit Schlachtfliegern und Jägern die Kolonnen an. Dadurch entstehen erhebliche Verluste an Menschen und Material. Bei ROGGEN greifen Tiger feindliche Panzerspitzen an. Auch bei MALSHÖFEN treten die Panther der I. Abteilung an, um den eigenen Teilen das Abfließen zu ermöglichen. Aber das sind nur Nadelstiche gegenüber den angreifenden Panzermassen.

Der Druck des weit überlegenen Feindes hält an, in steter überholender Verfolgung jagt er seine Verbände nach Norden und dringt mit ihnen, begünstigt durch den gefrorenen Boden und feste Wege und Straßen, tief nach Ostpreußen vor. Um WILIENBERG wird bald gekämpft. Der Ort muß aufgegeben werden. Jetzt lösen am 22.01. Teile der 24. Panzerdivision die Panzergrenadierdivision »Großdeutschland«ab, die nach Norden in den Raum GILLAU verlegt. Bei PASSENHEIM kann zahlreiches herrenloses Gerät, das noch brauchbar ist, und vor allem Treibstoff übernommen werden. In ALLENSTEIN entsteht beim Feindangriff Panik bei den Flüchtlingstrecks, die alle Straßen verstopfen. Wegen der zahlreichen Zivilbevölkerung, die einen Kampf sinnlos macht, wird die Stadt ALLENSTEIN am Abend des 22.01. von den Sowjets besetzt. Im Osten, bei LEINAU, fahren die wenigen noch einsatzbereiten Tiger der III. Ab-

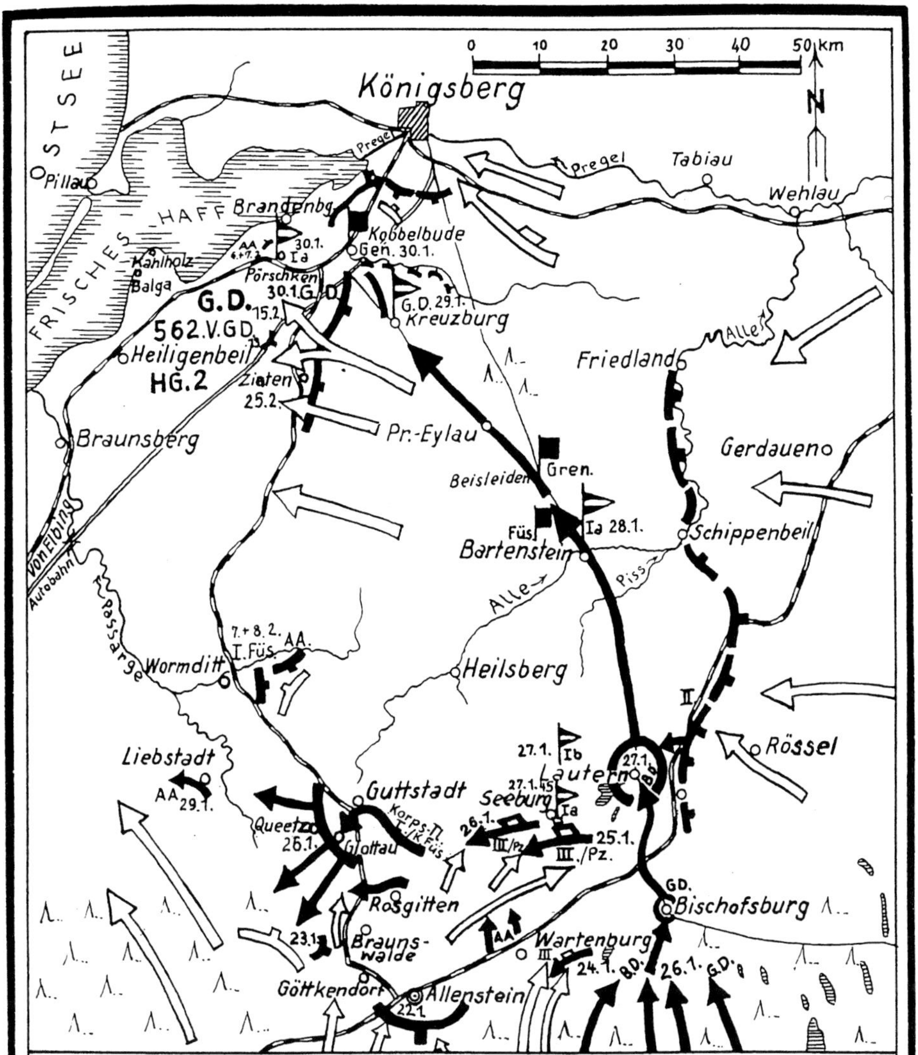

Rückzug der Pz.Gren.Div.G.D. auf Königsberg/Ostpr.

teilung in den Abendstunden des 22. Januar 1945 einen Gegenstoß. Am 24.01. treten die Tiger der III. Abteilung bei MENSGUTH auf HIRSCHBERG an, schießen einige Feindpanzer ab und werfen den Feind nach Südwesten zurück. Die Gefahr für die eigene Rückzugstraße und die Versorgung ist damit gebannt. Trotzdem droht größere Gefahr durch die Entwicklung der Lage nördlich ALLENSTEIN, wo der Feind seinen Vormarsch weit nach Norden fortsetzt. So müssen die Tiger am 25.01. zum Gegenstoß bei CRONAU angesetzt werden, um Feindpanzer zurückzuwerfen. Immer wieder wird versucht, den Feind beim Eindrehen nach Osten zu hindern und ihn nach Westen zu zwingen.

Inzwischen wird auch die Ostfront Ostpreußens nach Westen unter stärkstem Feinddruck verlegt und es entsteht so ein Ostpreußen-Kessel, wobei die Panzergrenadierdivision an der südlichsten Spitze haltend kämpft. Die Gefahr für die im Süden noch kämpfenden Verbände, durch die Angreifer vernichtet zu werden, ist riesengroß. Deshalb ist der Befehl vom 26.01., sich vom Feind zu lösen und in der Nacht zum 27.01. in den Raum nördlich und nordwestlich BISCHOFSBURG zu verlegen, verständlich. Offenbar hat auch der Feind seinen Schwerpunkt Richtung ELBING verlegt. Immer wieder müssen aber Feindspitzen am Eindrehen nach Osten gehindert werden. So greift eine Tiger-Kampfgruppe bei SCHÖNAU an und stoppt die Angreifer.

Die Betriebsstofflage wird immer prekärer. Deshalb ordnet die Division an, ausgefallene Waffen, Panzer und Lkw zu sprengen und nur die verfügbaren Gefechtsfahrzeuge mitzunehmen. Dabei muß die Panzerabteilung 302 (FKL) fast alle Sturmgeschütze vernichten, da Ersatzteile fehlen. Diese Ersatzteile werden dafür später in Depots, wo sie ungenutzt lagen, vorgefunden. Auch die fehlende Winterbekleidung ist in diesen Depots reichlich vorhanden.

Am 28.01. rasten die Verbände der Division bei BARTENSTEIN, wohl hauptsächlich wegen Treibstoffmangels. Der Abtransport ziviler Flüchtlinge wird gesichert, Feindstörungen unterbunden und abgewehrt. Dann wird weiter in Richtung KREUZBURG südlich KÖNIGSBERG marschiert mit dem Ziel, den bereits um KÖNIGSBERG geschlossenen Ring aufzubrechen. Am 30.01. tritt nun das, was vom Panzerregiment »Großdeutschland« noch übrig ist, zum letzten Mal gemeinsam mit den Panzergrenadieren an. Hauptmann Bock, Kommandeur III. Abteilung, führt alle noch einsatzfähigen Tiger, Oberleutnant Pohl die letzten verfügbaren Panther der I. Abteilung. Dabei werden alle Panzer, Schützenpanzer, Fla-SFL usw. zu einem Angriffskeil zusammengefaßt. 68 Feind-

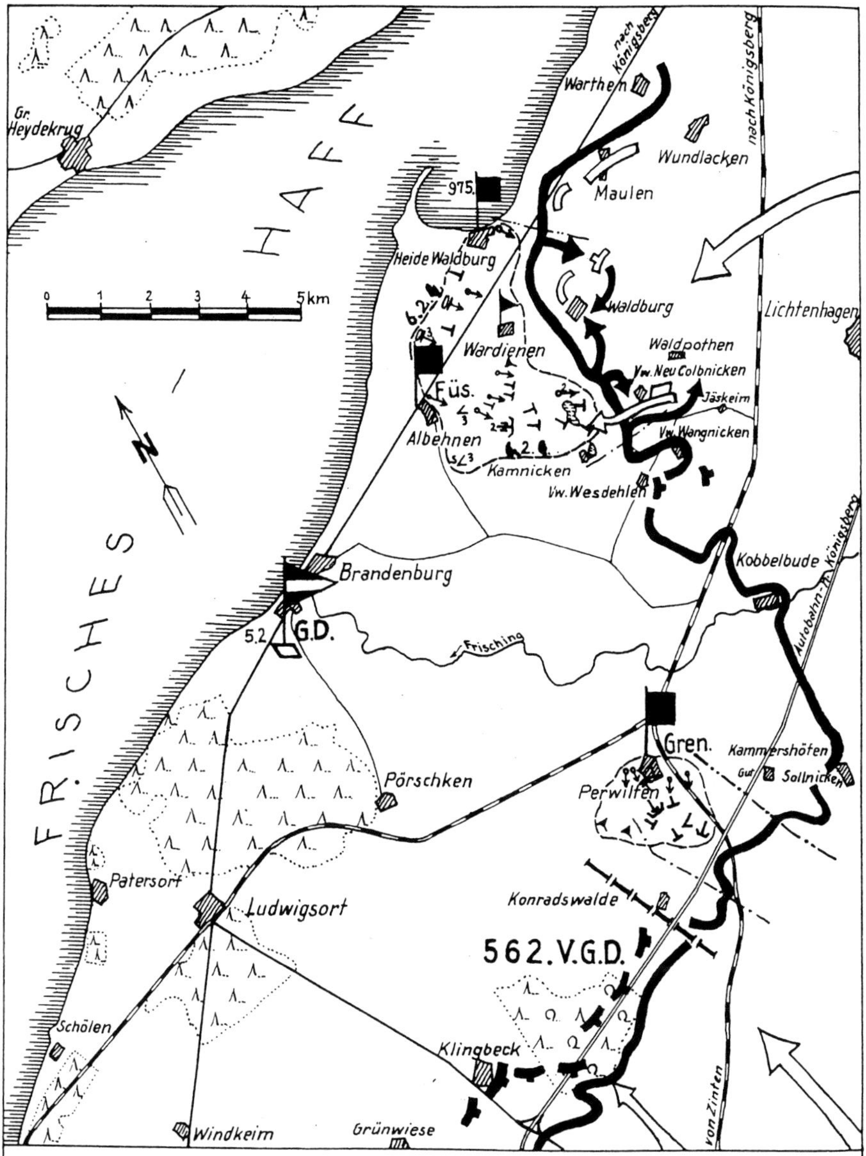

Frontverlauf Pz. Gren. Div. G.D.
vom 6.-7. Februar 45 vor Königsberg

panzer werden abgeschossen, und es wird weiter durchgestoßen und wütende Gegenangriffe abgewehrt. Hauptmann Bock wird für das Ritterkreuz vorgeschlagen. Trotzdem schlägt der Angriff nicht ganz durch. Erst ein am 04.02. von KÖNIGSBERG angreifender Panzerverband kann den letzten Rest schaffen. Die Panzer sichern in den erreichten Stellungen zusammen mit der Infanterie. Die Verbindung zur Festung KÖNIGSBERG ist gefestigt. Dadurch wurde die Absicht des Gegners, vor allem des XVI. Garde-Schützenkorps und des XXXVI. Garde-Schützenkorps, zunichte gemacht, KÖNIGSBERG endgültig einzuschließen, HAFFSTROM zu erreichen und entlang der Reichsstraße 1 in Richtung BRANDENBURG vorzustoßen, vereitelt.

Inzwischen ist aus dem Personal der I. und III. Abteilung Panzerregiment »Großdeutschland« und aus der Panzerabteilung 302 (FKL) ein Infanterieeinsatzbataillon unter Hauptmann Zabel formiert worden. Die Kompanien werden von Oberleutnant Pohl und Leutnant Liebscher geführt. Anfang Februar werden noch kleinere Angriffe zur Verbesserung eigener Stellungen bei Nacht mit Pionieren und der Unterstützung durch drei Tiger unter Oberleutnant Leussing und drei Panthern unter Leutnant Vogelsang geführt. In einem Fall lösen die Pioniere die Gefechtsfeldbeleuchtung zu früh aus, so daß die Sowjets zwei Panther abschießen können.

Panzerlage am 01.02.1945:	7 Panzer V
	4 Panzer VI
In Instandsetzung:	6 Panzer V
	7 Panzer VI

Nach Meldung Erfahrungsbericht vom 05.02.1945

Einsatzbereit bei III. Abteilung:	12 Panzer VI
In Instandsetzung:	11 Panzer VI
Panzerlage am 01.03.1945:	
Einsatzbereit:	? Panzer V
	2 Panzer VI
	1 Zug Sturmgeschütze der Sturmgeschützkompanie 218

Als am 13.02. eine kritische Lage bei der Fallschirmpanzerdivision zwei »HG« (Hermann Göring) auftritt, greift Hauptmann Meinicke mit drei Panthern bei ZINTEN ein und schießt ohne eigene Verluste 21 Feindpanzer ab. Zwei Tage später fällt Hauptmann Meinicke im gleichen

Raum bei ZINTEN. Als sich die Lage dort verschärft, kämpfen auch die wenigen noch vorhandenen Tiger um den HEILIGEN BERG und westlich ZINTEN. Die feindlichen Durchbruchsversuche halten an, können aber zunächst abgewehrt werden. Die verfügbaren Kampfpanzer des Panzerregiments werden um den 01.03.1945 zu einer Panzerabteilung wie folgt zusammengeführt:

> Eine schwere Panzerkompanie Tiger einschließlich eines Sturmpanzers (5-6 Tiger), eine mittlere Panzerkompanie 5 Panther, 1 Panzer IV, 1 gemischte Sturmgeschützkompanie, 2 Sturmgeschütze, 2 Panzerzüge IV. Dazu als Führungspanzer 1 Tiger und 2 Panzer IV. Instandgesetzte Panzer werden entsprechend zugeführt.

Am 06.03. kommt ein eigener Angriff, unterstützt von einigen Tigern der III. Abteilung, gegen weit überlegenen Feind bei AMALIENWALDE nicht zum erwünschten Erfolg. Aber am 13.03. bricht nach einem bisher nie erlebten Trommelfeuer der Artillerie der erwartete sowjetische Großangriff mit aller Macht los und führt zur Vernichtung des Kessels von HEILIGENBEIL und zum Gewinn der Ostsee. Trotzdem hält »Großdeutschland« unerschütterlich seine Stellungen, muß sogar noch ein Regiment abgeben. Am 14.03. wird das bei KOBBELBUDE eingesetzte Infanteriebataillon Panzerregiment »Großdeutschland« unter Hauptmann Zabel herausgelöst und marschiert nach Westen, um am Ost- und Südostrand von PÖRSCHKEN in Stellung zu gehen. PÖRSCHKEN wird mit schwersten Kalibern z.B. 50-cm-Werfern beschossen. Am Morgen des 17.03. greifen Stalin-Panzer und T 34 sowie Massen von Sowjet-Infanterie in die Stadt an. Die Verteidiger weichen nach Munitionsverschuß in die Waldstücke nordwestlich davon aus. Es kommt jetzt darauf an, die Halbinsel BALGA zu halten.

Schon im Februar werden erste Teile von Führungspersonal, Panzerspezialisten, Werkstatt- und Versorgungsfachkräfte ins Reich für Neuaufstellungen abgestellt. So verlegen Soldaten der III. Abteilung nach PADERBORN, um dort in der Nähe von KASSEL am »Königstiger«-Panzer VI ausgebildet zu werden. Andere werden nach SCHLESWIG-HOLSTEIN in Marsch gesetzt.

Das Infanteriebataillon Panzerregiment »Großdeutschland« unter Führung von Hauptmann Zabel, 1. Kompanie Leutnant Wilke, 2. Kompanie Leutnant Vogelsang, 3. Kompanie Leutnant Pflästerer, kämpft zusammen mit letzten Tigern und unterstützt von 8,8 cm Flak-Geschützen. Einer der drei letzten Tiger wird bei einem Gegenstoß am 17.03.1945 abgeschossen. Die Halbinsel BALGA wird gegen übermächtig anrennenden Feind trotzdem gehalten. Die beiden letzten Panzer werden in der HKL eingesetzt. Diese letzten beiden Tiger eines einst stolzen Panzerregiments »Großdeutschland«, Kommandant Unteroffizier Feuerpfeil und Unteroffizier Kroneis, werden hier, bis zum Letzten Widerstand leistend, im Feuerkampf mit überlegenem Feind abgeschossen. Ein nicht mehr einsatzbereiter Panther wird im Haff versenkt. Die Halbinsel BALGA wird am 29.03.1945 mit der sogenannten »Seeschlange«, einer Marinefähre, geräumt.

Im April führen die Reste der Panzergrenadierdivision »Großdeutschland« den Abwehrkampf im Samland bei PILLAU und NEUTIEF weiter, dabei stets mit am Feind das Infanteriebataillon Panzerregiment »Großdeutschland«, dessen Panzermänner sich auch abgesessen hervorragend schlagen und bewähren. Eine Restgruppe von ca. 120 Soldaten des Bataillons unter Führung von Oberleutnant Pohl zeichnet sich besonders am 13.04.1945 bei FISCHHAUSEN aus. Die letzten Kämpfer von »Großdeutschland« können im Dunkel der Nacht vom 25./26.04.1945 nach NEUTIEF übersetzen. Von dort werden die Reste der Division über HELA-BORNHOLM nach FEHMARN transportiert, bis sie das Kriegsende in Dänemark erreicht.

Verluste der Panzergrenadierdivision »Großdeutschland«

Vom 15.01.1945-29.03.1945 = 14.586 Mann, davon 390 Offiziere

Verluste bis 22.04.1945 = 16.988 Soldaten aller Dienstgrade.

Diese Zahlen belegen die Schwere der Kämpfe in Ostpreußen und die großen Opfer, die die Soldaten in Ostpreußen noch in den letzten Wochen des verlorenen Krieges ihrem Vaterland brachten. Sie zeugen von außergewöhnlichen militärischen Leistungen und unglaublicher Opferbereitschaft, die beispielhaft in die deutsche Kriegsgeschichte eingeht. Sie darf nicht vergessen werden. »Großdeutschland« kämpfte getreu seinem Wahlspruch:

»Gott, Ehre, Vaterland«

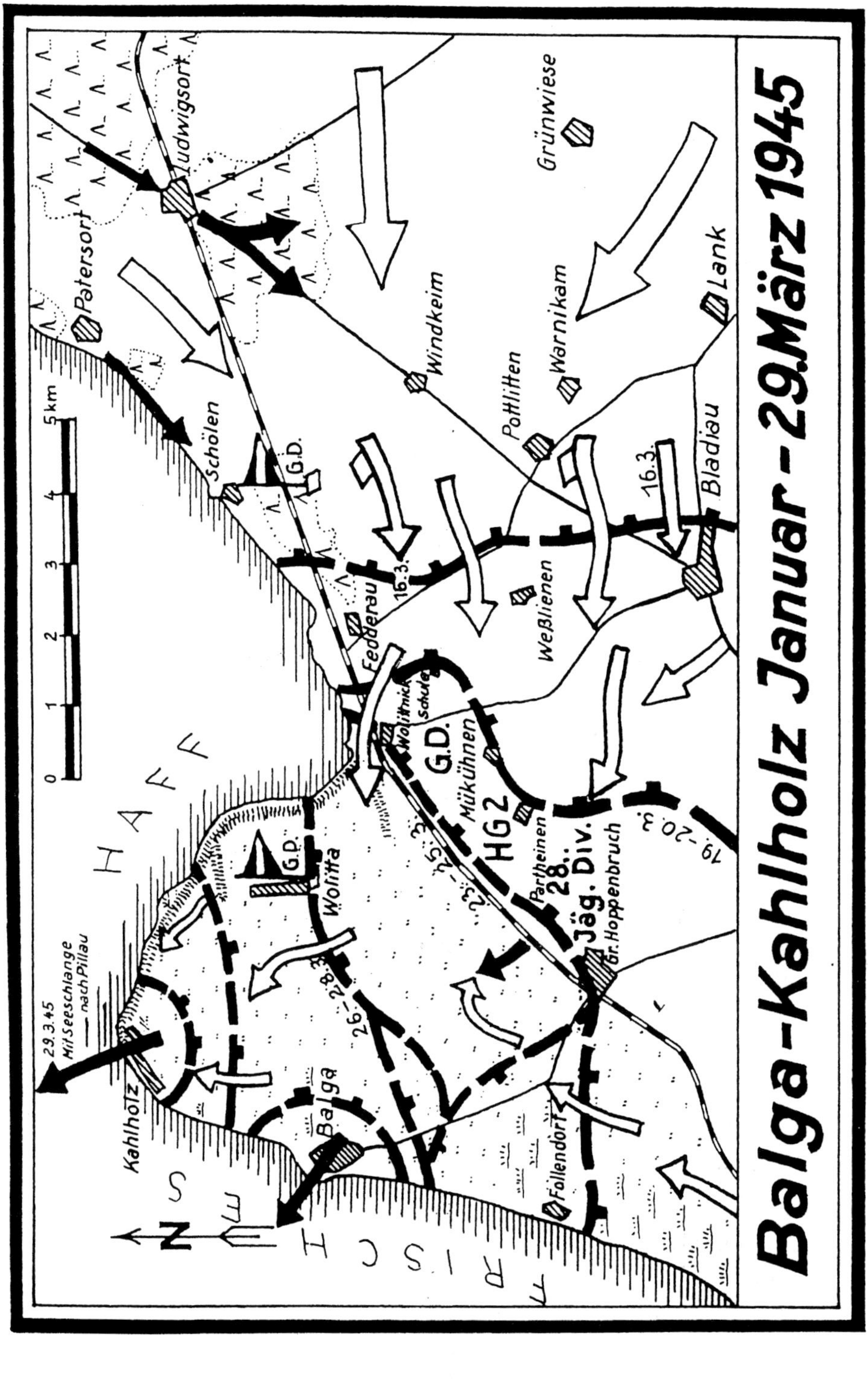

Balga-Kahlholz Januar - 29.März 1945
F R I S C H E S H A F F
N
0 1 2 3 4 5km
29.3.45 Mit Seeschlange nach Pillau
Kahlholz
Balga
Wolitta
G.D.
G.D.
G.D.
HG 2
28. Jäg. Div.
26.-28.3.
23.-25.3.
19.-20.3.
16.3.
16.3.
Partheinen
Mükühnen
Gr. Hoppenbruch
Follendorf
Fedderau
Weßlienen
Bladiau
Pottlitten
Warnikam
Lank
Windkeim
Grünwiese
Ludwigsort
Patersort
Schölen

I./Panzerregiment »Großdeutschland« vor dem Antreten zum Gegenangriff im südlichen Ostpreußen, Januar 1945.

Panther mit aufgesessener Infanterie rollen zum Gegenangriff, Ostpreußen, Januar 1945. Panther ohne MG beim Funker.

Panzergrenadiere rollen zum Gegenangriff, Ostpreußen, Januar 1945.

I./Panzerregiment »Großdeutschland«, Ostpreußen 1945. Letzte Aufnahme von Panzer und Besatzung des Panzers 321. Der Panzer wurde wegen Treibstoffmangels und Kettenschadens kurz darauf gesprengt.

Blick vom Turm eines Panthers der I./Panzerregiment »Großdeutschland« auf durch Treffer beschädigte Kettenabdeckung. Ostpreußen, Januar 1945.

Trotz Rückzug und Kampf gegen weit überlegenem Feind ist die Moral gut. Besatzungen der I./Panzerregiment »Großdeutschland«. Ostpreußen, Januar 1945.

Evakuierung der Reste der Division »Großdeutschland« mittels »SEESCHLANGE«, Marinepram, vom Festland zur Nehrung. April 1945.

Abtransport der Ostpreußen-Kämpfer der I./Panzerregiment »Großdeutschland« mit Dampfer »MINDEN« über HELA ins Reich, dahinter Marinepram.

Panzerschützen der I./Panzerregiment »Großdeutschland« gerüstet zum Seetransport mit Schwimmwesten.

Oberst der Reserve Hyazinth Graf von Strachwitz, später 1944 General der Reserve und Kommandeur eines Großverbandes in Kurland.

Hyazinth Graf Strachwitz von Groß-Zauche und Camminetz

Generalleutnant, Träger des Ritterkreuzes mit Eichenlaub, Schwertern und Brillanten

Die Grafen Strachwitz zählen zu den ältesten Adelsgeschlechtern unseres fremdbesetzten Schlesiens. Allein zehn Grafen-Ritter Strachwitz fielen unter Heinrich II., 1241, auf der Wahlstadt bei LIEGNITZ im Kampf gegen die Mongolen. Der am 30.07.1893 in Groß-Stein, Kreis Groß STREHLITZ, Oberschlesien, geborene Hyazinth trug genauso den Vornamen des schlesischen Heiligen, wie alle Erstgeborenen der Familie seit 700 Jahren. Die Grafen Strachwitz bauten zu Ehren des Heiligen im Schloßhof eine Kapelle. Die Familie des Grafen Hyazinth von Groß-Zauche-Camminetz gehörte zu den vermögendsten Land- und Forstbesitzern Schlesiens (18800 schlesische Morgen).

Beim Regiment Garde du Corps in POTSDAM wurde Graf Hyazinth persönlich von Wilhelm II. zum Leutnant d.R. befördert, nachdem er vorher die Kadettenanstalt LICHTERFELDE besucht hatte. Als hervorragender Reiter und Fechter, ausgezeichneter Leichtathlet gehörte er zum Olympiakader für 1916. Schon im ersten Weltkrieg schickte man den Leutnant Strachwitz auf eine berittene Fernpatrouille, die die Hauptmacht des Feindes aufklären sollte. Leutnant Graf Strachwitz stieß nach Erfüllung des Auftrages aber darüber hinaus weit ins Hinterland des Feindes vor und tauchte zum Schrecken der Franzosen vor PARIS auf, sprengte Bahngleise, verlor seine Pferde, schlug sich wochenlang im Hinterland durch, versuchte die SCHWEIZ zu erreichen, schleppte trotzdem seine Verwundeten mit, bis ihn und seine Männer die zahlreichen französischen Verbände, die auf ihn angesetzt waren, gefangen nahmen. Man schleppte ihn durch Gefängnisse, ließ ihn als Geisel viermal auf Frachtschiffen im Mittelmeer in untersten Schiffsräumen mitfahren. Nach mehreren Ausbruchsversuchen festgenommen, wurde er verletzt und schwerkrank durch ein Ärztekomitee in die SCHWEIZ gebracht.

Nach Teilnahme an der Wiederherstellung der Ordnung in BERLIN 1918/19 kehrte er auf seine Besitzungen zurück. Als die Polen versuchten, Oberschlesien vom Reich zu trennen, organisierte er den Selbstschutz und vertrieb zusammen mit den Freikorps in erbitterten Kämpfen den

Feind aus dem Land. Den Kampf führte er überlegen. In Kenntnis des heimatlichen Geländes umging er die polnischen Verbände, griff sie überraschend aus der Flanke an, schlug sie im Nahkampf in die Flucht und war als erster Deutscher auf dem Gipfel des Annaberges, Oberschlesiens »Heilige Berg«.

1934 machte er seine erste Reserveübung beim Reiterregiment 7 in BRESLAU und übte mehrfach beim Panzerregiment 2. In POLEN und FRANKREICH machte Graf Strachwitz, mit Versorgungsaufgaben betraut, durch kühne Eskapaden von sich reden. So drangen er und sein Fahrer z.B. in Frankreich weit vor der eigenen Truppe in die Kaserne eines Fernmeldebataillons ein, nahmen es gefangen und führten es auf Fahrzeugen zur eigenen Truppe.

Als Kommandeur einer Abteilung des Panzerregiments 2 griff er 1941 zusammen mit dem Infanterieregiment »Großdeutschland« Richtung BELGRAD an, das er mit seiner Panzerabteilung am 13.04.1941 zuerst erreichte. Im Rußlandfeldzug, nunmehr bei der 16. Panzerdivision, nahm er im Handstreich mit einigen Panzern PERNOMAISK mit seinen Bugbrücken, stieß weiter vor und vernichtete Kolonnen mit Artillerie und Pak von mehr als 300 Kraftfahrzeugen. Bei UMAN zerschlug er weit hinter den feindlichen Linien Reserven und Panzerverbänden und löste beim Feind Panik aus.

Beim Vorstoß Richtung STALINGRAD 1942 stieß er mit dem Panzerregiment 2 durch die Kirgisensteppe am Tatarengraben vorbei, auf die Stadt und die WOLGA in einem Zuge durch. Am 25.08.1941 erhielt er das Ritterkreuz und am 17.11.1942 das Eichenlaub. Mit wenigen Panzern an der Nordfront des Kessels eingesetzt, schoß er ohne eigene Ausfälle bei einem Stärkeverhältnis 10:1 kaltblütig den Feind auf nächster Entfernung ab und vernichtete 105 Sowjetpanzer.

Einige Tage später wurde er selbst schwer verwundet und dann aus STALINGRAD ausgeflogen. Nach der Genesung übernahm der »Conte«, wie er hier genannt wurde, das Panzerregiment »Großdeutschland« und trat an zu den einzigartigen Erfolgen bei BOGODUCHOW, GRAIWORAN, BORISSOWKA und TOAMROWKA. Sein unglaubliches Feingefühl für die Beurteilung des Gegners, Einschätzen der Lage und sein Mut zu kühnem Entschluß, verbunden mit einem 6. Sinn für ein Erkennen von Schwachstellen des Gegners und das Ausnutzen eigener Vorteile, verschaffte ihm das Vertrauen seiner Offiziere und Soldaten. Dazu zeichnete ihn eine ständige Fürsorge für seine Soldaten aus. Immer beispielgebend führte er weit vorne. 14 Verwundungen beweisen seine Tapferkeit.

Die Schwerter zum Eichenlaub als 27. Soldat der Wehrmacht waren das sichtbare Zeichen der Erfolge des Panzerregiments »Großdeutschland« neben Hunderter abgeschossener T 34. Bei der Kurskoffensive, dem »Unternehmen Zitadelle«, führte der Panzergraf sehr erfolgreich, verließ aber das Regiment nach einer im Panzergefecht erlittenen Verletzung durch den Rücklauf der Bordkanone. Nach Genesung führte er an der Nordfront als »Kesselknacker« kühne und riskante Unternehmen. Am 01.04.1944 wird er zum Generalmajor befördert und ausgezeichnet mit den Brillanten zum Eichenlaub und Schwertern des Ritterkreuzes.

Im Herbst 1944 stößt Graf Strachwitz, der sich stets nur als »Herr Graf« ohne Dienstgrad anreden ließ, kühn mit wenigen Panzern und Schützenpanzern zur eingeschlossenen Heeresgruppe Nord nach RIGA durch und stellt die unterbrochene Verbindung wieder her. Als er in RIGA ankam, von den mehrtägigen Kämpfen etwas »angestaubt«, im ersten Panzer fahrend, wie immer von vorn führend, hielten ihn einige Generale dort für einen Leutnant und machten ihm Vorhaltungen. Er erklärte ihnen sanft die Lage und sagte abschließend ruhig: »Sie sprachen hier mit keinem Leutnant, sondern mit einem leibhaftigen General.«

Wieder fährt er waghalsige Erkundungen durch angreifende Sowjetverbände und wird auf einer dieser Fahrten neben seinem Pkw schwer verletzt aufgefunden. Andere Überlebende außer ihm gab es nicht. Der Vorfall wurde nie aufgeklärt. Doppelter Schädelbruch, mehrere Knochenbrüche, drei Wochen im Koma sind die Folgen.

Noch in Krücken stellte er, als die rote Armee in Schlesien im Januar/Februar 1945 einbrach, Panzerjagdbrigaden aus Freiwilligen auf. Die Panzerjäger flogen mit Panzerfäusten hinter die feindlichen Linien und griffen dort die Panzer überraschend und erfolgreich an. Männer mit 15 Panzerabschüssen waren bei diesen Einsätzen keine Seltenheit.

Trotz Gehbehinderung, starker Kopfschmerzen, häufigen Ohnmachten im Wagen, führte er weiter. Als letzte fürsorgliche Tat schleuste er seine Panzerjäger aus dem sowjetischen Besatzungsgebiet nach BAYERN, wo er sich selbst in US-amerikanische Kriegsgefangenschaft begab.

Während seiner Gefangenschaft wurde seine Frau Alda in MÜNCHEN von einem US-Militärlastwagen tödlich überfahren. Trotz schwerer Verwundungen, Heimat- und Besitzverlust, resignierte er nicht, sondern nahm ein Angebot der syrischen Regierung zum Aufbau der dortigen Land- und Forstwirtschaft, aber auch zum Aufbau der syrischen Streitkräfte an. Eine Bronzeplatte an einer syrischen Kaserne soll noch an seinen Aufenthalt dort erinnern. Zurückgekehrt, gründete er das »oberschlesische Hilfswerk«. Er starb ungebrochen fast 75-jährig im Jahre 1968.

Ähnlich den Reitergeneralen Friedrichs des Großen, Ziethen und Seydlitz, war Strachwitz für Freund und Feind ein legendärer Führer geworden. Seine Kühnheit, sein Kampfgeist, seine unerschütterliche Tapferkeit, gepaart von hoher Fürsorge für seine Soldaten, seine Intuition in schwierigen taktischen Lagen, die er stets zum Vorteil nutzen konnte, waren die Grundlage großer Erfolge. Es waren oft »Husarenstreiche«, die er an der Spitze seiner Panzermänner ausführte. Stets zuversichtlich führte er sein Regiment aus oft ausweglos erscheinender Situation heraus. Er selbst empfand es als selbstverständliche Pflichterfüllung.

Im Herzen seiner alten Mitkämpfer lebt Graf Strachwitz weiter als ein Ritter ohne Furcht und Tadel, als ein im katholischen Glauben fest verwurzelter, verantwortungsbewußter Führer seiner Soldaten und als ein Vorbild für Tapferkeit, der als Offizier mit Hingabe für sein Vaterland gekämpft hat.

Grab des Panzergrafen Generalleutnant der Reserve Graf von Strachwitz in GRABENSTADT am CHIEMSEE.

Generalmajor Otto Büsing

Kommandeur des Panzerregiments GD von November 1943 bis zum März 1944

Der am 22.August 1896 in Kiel geborene Otto Büsing übernahm das Pz.Rgt. GD im November 1943. Als Oberstleutnant und Kommandeur des Panzerregiments 39 der 17.Panzerdivision wurde Otto Büsing am 21.November 1942 mit dem Ritterkreuz ausgezeichnet. Bei den schweren Abwehrkämpfen westlich von Kirowograd wird Oberst Büsing bei der Befehlsausgabe außerhalb seines Panzers von einem schweren russischen Granatwerfergeschoß getroffen. Trotz sofortigen Abtransports zum Hauptverbandsplatz Rownoje stirbt Oberst Büsing am 8. März 1944. Nachträglich erfolgte seine Beförderung zum Generalmajor.

Generalmajor Willy Langkeit

Kommandeur des Panzerregiments GD von März 1944 bis zum Herbst 1944

Als Sohn eines Bauern wurde Willy Langkeit am 2. Juni 1907 in Schuchten bei Treuburg/Ostpreußen geboren. Im Jahre 1924 trat er als siebzehnjähriger Freiwilliger als Berufssoldat in die Reichswehr ein. Seine Dienstzeit begann er in der Kraftfahrabteilung in Königsberg. Nach erfolgreich absolvierten Lehrgängen und hervorragenden Leistungen als Soldat wurde Langkeit als Offizier übernommen.

Im Januar 1934 erfolgte seine Beförderung zum Leutnant. Als Kraftfahrer war Langkeit schon frühzeitig von den Möglichkeiten begeistert, die sich bei der neu aufzustellenden Panzerwaffe boten. So war er von Beginn an bei der Aufstellung der neuen deutschen Panzertruppe dabei. Zunächst als Zugführer, dann ab dem 1. November 1938 als Kompaniechef der 8./Panzerregiment 36 in Schweinfurt. Zu dieser Zeit war Willy Langkeit bereits Hauptmann.

Im Polenfeldzug im Jahre 1939 noch als Kompaniechef eingesetzt, war er ab dem 5.Juni 1940 bereits zeitweise Abteilungsführer der II./Panzerregiment 36 . Hier, im Westfeldzug, erzwang er mit seinen Panzerkampfwagen als Stoßkeil den Durchbruch durch die strategisch äußerst wichtige Weygand-Linie.

Bei dem am 22. Juni 1941 im Osten entbrannten Kampf gegen den Bolschewismus bewährte sich Langkeit während der nächsten vier Jahre wiederum in hervorragender Weise.

Bereits bei Beginn des Vormarsches erstürmte er mit seinen Panzerschützen den Bugübergang bei Uscilug und stieß in die Weiten des russischen Raumes vor. Für seine außerordentlichen Führungsleistungen während der Panzerschlacht von Alexandrowka und seinen maßgeblichen Anteil an der Eroberung von Rostow (dem entscheidenden Knotenpunkt zum weiteren Vorstoß in den Kaukasus) wurde Langkeit am 1. Januar 1942 zum Major befördert und übernahm als Kommandeur die II. Abteilung des Panzerregiments 36.

Ritterkreuz für schlachtentscheidende Angriffsleistung

Auch das Jahr 1942 sah Langkeit mit seinen Panzermännern immer an den Brennpunkten der Schlachten. Am 22.Mai 1942 gelang es ihm in einem schneidigen Vorstoß südlich von Charkow die Verbindung zur 6.Armee herzustellen. Damit war ein riesiger Kessel geschlossen, und die Sowjets hatten unvorstellbar große Verluste an Mensch und Material zu beklagen.

Bereits vier Wochen später, am 23. und 24. Juli 1942, kam es zur entscheidenden Schlacht um Nowotscherkassk, die »Hauptstadt der Donkosaken«. In den schnurgeraden Straßen der Stadt kamen die sowjetischen Pak-Einheiten (Panzerabwehrkanonen) hervorragend zum Schuß. Doch durch rasches und beherztes Zugreifen wurden sie abgeschossen, überrollt und schließlich endgültig vernichtet. Am Abend des 24. Juli war Nowotscherkassk erobert.

Für diese schlachtentscheidende Angriffsleistung wurde Major Willy Langkeit am 9. Dezember 1942 mit dem Ritterkreuz des Eisernen Kreuzes ausgezeichnet. Seine Beförderung zum Oberstleutnant war bereits am 1. Dezember erfolgt.

Im Kampfraum um Stalingrad zeichnet er sich ebenfalls immer wieder aus. Mit nur wenigen eigenen Panzern stellt er sich immer wieder den zahlenmäßig weit überlegenen sowjetischen Panzermassen entgegen und kommt durch schneidige und bewegliche Gefechtsführung zu außergewöhnlichen Erfolgen.

Nach der Zerschlagung der 14.Panzerdivision im Kessel von Stalingrad erfolgt ab März 1943 die Neuaufstellung des Panzerregiments 36.

Als Kommandeur des Panzerregiments 36 gelingt Langkeit im April 1943 unter härtesten Bedingungen die Einnahme von Scharowka.

Ein weiterer Markstein in der Kriegsgeschichte dieses Regiments ist die siegreiche Schlacht um Wodjana.

Langkeit wir am 1.Dezember 1943 zum Oberst befördert und bekommt am 7.Dezember 1943 vom obersten Befehlshaber der Wehrmacht das Eichenlaub zum Ritterkreuz verliehen.

Als Kommandeur von »Großdeutschland«-Einheiten

Als Kommandeur der nach ihm benannten » Kampfgruppe Langkeit« bekämpft er im Süden der Ostfront die stark nachdrückenden bolschewistischen Angriffskräfte, die schließlich im rumänischen Raum zum Stehen gebracht werden.

Am 1. März 1943 wird Oberst Willy Langkeit zum Kommandeur des Panzerregiments »Großdeutschland« ernannt. Im April und Mai 1944 versuchen die Russen bei Jassy und Targul Frumos den Riegel vor dem Herzen Rumäniens zu knacken, um so den weiteren Durchbruch nach Süden zu erzwingen. Doch in einer mehrwöchigen erfolgreichen Abwehrschlacht werden die Bolschewisten abgewiesen. Besonders die Panzergrenadierdivision »Großdeutschland« unter Generalleutnant Hasso von Manteuffel stemmt sich hier immer wieder heldenmütig der Übermacht der Feindkräfte entgegen. Besonders das Panzerregiment »GD« ist wie ein Fels in der Brandung und eine entscheidende Unterstützung für die schwer ringenden Panzergrenadiere. In einer deutschen Presseveröffentlichung vom 7.Juni 1944 heißt es nach erfolgreichem Abschluß der Kämpfe:

»Mit der Masse zweier Panzerarmeen und sechs Schützendivisionen traten die Sowjets am 2.Mai nach starker Artillerievorbereitung und unter laufendem Einsatz von Schlachtfliegerverbänden zum erwarteten Angriff an. Im entscheidenden Abschnitt rollten auf 10 km Breite 300 zum Teil überschwere Panzer, denen Infanteriemassen folgten, gegen die Stellungen der Division »Großdeutschland«. Selten zuvor hat sich der heldenhafte deutsche Einzelkämpfer so über Masse und Material erhoben. Selten zuvor ist auf einem Schlachtfeld bewiesen worden, daß das Herz des deutschen Grenadiers und Füsiliers den stärksten Panzerplatten überlegen ist. Das, was sich in geballter Dramatik in jenen Augenblicken ereignete, als die vier unübersehbaren Panzerkeile über die deutschen Gräben hinwegrollten, als kleine deutsche Panzergruppen unbeirrt in die Rudel der stählernen Kolosse hineinfuhren, als die Grenadiere und Füsiliere hinter ihren Kompanieführern der Übermacht des Feindes entgegensprangen, dies läßt sich kaum in Worte fassen.

Als sich der Abend über das Schlachtfeld senkte, waren 160 Panzer vernichtet, 96 davon allein im Abschnitt der Division ›Großdeutschland‘.«

Für den entscheidenden Anteil des Panzerregiments »GD« an diesem Abwehrerfolg wurde Willy Langkeit am 1.Juni 1944 vom rumänischen König mit dem Orden »König Michael der Tapfere« ausgezeichnet.

Langkeits nächster Einsatz war bei den Kämpfen in Kurland im Spätsommer und Herbst 1944. Hier wurde er bei einem Gefecht um Schaulen schwer verwundet.

Nachdem seine Verwundung ausgeheilt war, übernahm er als Kommandeur die Ersatzbrigade »Großdeutschland«.

Im Endkampf um die Heimat

Da seit Ende 1944 nun auch das Reich Kampfgebiet geworden war drängte es Langkeit wieder an die Front. Als Kommandeur der »gepanzerten Gruppe Langkeit«, die aus Teilen der Ersatzbrigade GD und der Panzertruppenschule Wünsdorf bestand, bekämpfte er Ende Januar 1945 im Verband der 9. Armee die vorrückenden Sowjets. Es gelang Langkeits Panzereinheit starke sowjetische Kräfte zu zerschlagen und so weitere Vorstöße der Russen zu vereiteln.

General Busse, der Oberbefehlshaber der 9. Armee, äußerte sich so dazu: »Das Scheitern der sowjetischen Absichten war in erster Linie der besonderen Tapferkeit des Obersten Langkeit und seiner Männer zu verdanken.«

Nach diesen Kämpfen wird als jüngster Verband der »Großdeutschland«-Einheiten die Panzergrenadierdivision »Kurmark« aufgestellt. Grundstock dieser neuen Division sind die Einheiten der »gepanzerten Gruppe Langkeit«. Als Divisionszeichen erhält sie den weißen GD-Stahlhelm mit dem kurmärkischen Adler.

An der Oder, beiderseits von Frankfurt a.d.O., leistet »Kurmark« den Sowjets bis Ende März 1945 erbittert Widerstand. Viele deutsche Frauen und Kinder können durch den Heldenmut der »Kurmärker« vor den mordenden und plündernden Bolschewiken gerettet werden.

Vom 12. bis zum 28. April 1945 ist »Kurmark« in äußerst harte Abwehrkämpfe zwischen der Oder und Halbe verwickelt. Am 20. April 1945 wird Willy Langkeit zum Generalmajor befördert. In den letzten Apriltagen wird er mit dem seltenen Panzerkampfabzeichen IV. Stufe mit Einsatzzahl 75 ausgezeichnet. Am 28. April 1945 bricht die Panzergrenadierdivision »Kurmark« aus dem Kessel von Halbe aus und erreicht kämpfend die Elbe. Die Reste der Division geraten hier mit ihrem Kommandeur in US-amerikanische Gefangenschaft. Langkeit selber wird am 7. Mai von den Amerikanern gefangengenommen.

Lange nach der Gefangenschaft antwortet Langkeit auf Fragen nach seinen Einsätzen im Kriege:

»Meine Auszeichnungen während des zweiten Weltkrieges habe ich der Treue und der Tapferkeit meiner Kameraden des Panzerregiments 36, der Panzerkampfgruppe ›Großdeutschland‹ und der Panzergrenadierdivision ›Kurmark‹ zu verdanken. Sie haben in jeder Situation zu mir gehalten, die schwersten Befehle mit mir ausgeführt und immer die Ehre des deutschen Soldaten hochgehalten.«

Da dem Generalmajor Langkeit durch die völkerrechtswidrige Vertreibung aus dem deutschen Osten die Rückkehr nach Ostpreußen verwehrt war, ließ er sich in Norddeutschland nieder.

Ab 1951 dient Langkeit beim neuaufgestellten, von ehemaligen Wehrmachtssoldaten geprägten Bundesgrenzschutz (BGS). Bis zu seinem Ausscheiden als Brigadegeneral formt er den BGS an führender Stelle nach seinen Vorstellungen.

Am 27. Oktober 1969 wurde dieser herausragende deutsche Panzerführer in Bad Bramstedt/Schleswig-Holstein zur Großen Armee abberufen.

Oberstleutnant Bruno Kahl

Kommandeur des Panzerregiments GD von Oktober 1944 bis zum Mai 1945

Der am 23.November 1914 in Köln geborene Bruno Kahl war der letzte Kommandeur des Panzerregiments Großdeutschland. Bruno Kahl war im Juli 1933 als Fahnenjunker in die Reichswehr eingetreten. Am 20. April 1935 erfolgte seine Beförderung zum Leutnant.

Nach dem Polenfeldzug und Einsatz beim Kampf um Narvik als Angehöriger der Gebirgspanzerjäger-Abteilung 48 meldete sich Kahl im Herbst 1940 freiwillig zur Panzerwaffe und kam zum Panzerregiment 21.

Als Hauptmann machte er den Rußlandfeldzug von Beginn an mit.

Im Mittelabschnitt der Ostfront war sein Regiment der Panzergruppe Hoth unterstellt. Als Abteilungskommandeur der III./Panzerregiment 21 wurde Hauptmann Kahl am 8.Februar 1942 mit dem Ritterkreuz ausgezeichnet. Im Januar 1943 wurde er zum Major befördert und übernahm als Kommandeur die III. Abteilung des schweren Heeres-Panzerjägerregiments 656 (Sturm-Panzer-Abteilung 216).

Als Kommandeur dieser Abteilung wurde Major Kahl am 8. August 1943 das Eichenlaub zum Ritterkreuz des Eisernen Kreuzes verliehen.

Im Winter 1943/44 war er Ausbilder bei der bulgarischen Armee, anschließend übernahm er als Kommandeur die Panzerschule Erlangen.

Nach der Verwundung von Oberst Langkeit wurde Major Bruno Kahl im Oktober 1944 Kommandeur des Pz.Rgt. GD. Im Januar 1945 erfolgte seine Beförderung zum Oberstleutnant.

Das Kriegsende erlebte Oberstleutnant Kahl in Österreich im Raum Dachstein.

Bruno Kahl starb am 28. Februar 1999 in Köln.

Quellen:

- Geschichte des Panzerkorps »Großdeutschland«, H. Spaeter, Band 1-3, im Selbstverlag der Traditionsgemeinschaft

- Panzer-Grenadier-Division »Großdeutschland« und ihre Schwesterverbände, H. Scheibert, Podzun Verlag

- Panzerkorps »Großdeutschland«, Bilddokumentation, H. Spaeter, Podzun-Pallas Verlag

- Die Einsätze der Panzergrenadier-Division »Großdeutschland«, H. Spaeter, Podzun-Pallas Verlag

- Der Zusammenbruch der Heeresgruppe Mitte im Osten 1944, Rolf Hinze, Motorbuch Verlag, Stuttgart

- »Zitadelle« 1943 – Die größte Panzerschlacht im Osten, J. Engelmann, Podzun-Pallas Verlag, Friedberg 3

- Panzer-Schlachten, F. W. von Mellenthin, Kurt-Vowinkel-Verlag, Neckargemünd

- Tigers in Combat II, Wolfgang Schneider, 1998, J. I. Fedorowicz Publishing Inc., Winnipeg, Manitoba, Canada

- Eigene Unterlagen, Dokumente des Militärarchivs, Freiburg

- Informationen noch lebender und verstorbener Mitkämpfer

Aus unserem Verlagsprogramm:

Kämpfe am Ladoga-See
Winterschlacht 1943
Grenadiere, Artilleristen, Pioniere, Funker, Panzerjäger, Sanitäter uva. Soldaten, die bei der Belagerung Leningrads eingesetzt waren, schildern ihre Erlebnisse in der Ladoga-Schlacht 1943. Eine zeitgenössische Sammlung ungeschönter Berichte mit vielen Original-Kriegsberichter-Zeichnungen.
168 Seiten, viele Abb.
ISBN 978-3-944951-07-2
€ 18,90

Ludwig Ganghofer
Der russische Niederbruch
Die Front im Osten
Im April 1915 reist der beliebte bayerische Heimatdichter an die Ostfront. Seine Kriegsberichterstattung bettet Ganghofer unterhaltsam und in der ihm eigenen Weise in die herzige Beschreibung von menschlichen Charakteren und Landschaftsbildern ein. 248 Seiten.
ISBN 978-3-944951-03-4
€ 18,90

OKW (Hrsg.)
Kampf um die Krim
Soldaten der Krim-Armee berichten
Dieses Buch, erstmals 1943 erschienen, gibt zahlreiche fesselnde Kampfberichte deutscher Soldaten wieder und bietet zugleich vielfältige Informationen zu Geschichte, Bewohnern, Landschaft, Bodenschätzen, Wirtschaft und Kultur. Ein Krim-Handbuch.
336 Seiten, Karten u. Abb.
ISBN 978-3-944951-12-6
€ 19,90

Franz Pesendorfer
Sturm zum Finnenmeer
Baltikum 1941. – Dieses Buch beschreibt im zeittypischen Stil den stürmischen Vormarsch deutscher Truppen aus dem Memelland nach Libau und Riga, über die Düna bis nach Narwa und Reval am Finnischen Meerbusen. 168 Seiten, viele Abb.
ISBN 978-3-944951-10-2
€ 18,90

Falko Klewe (Hrsg.)
Schlacht am Wolchow
Winterkämpfe 1942
Soldaten der 18. Armee unter Generaloberst Lindemann schildern die Gefechte und ihre Erlebnisse im Wolchow-Kessel. Ein Zeitzeugnis aus dem Nordabschnitt der Ostfront in Text und Bild.
240 Seiten, viele Abb.
ISBN 978-3-944951-11-9
€ 18,90

Erich Konrad Lundt
Männer in Sturm und Tod
Fesselnd und schonungslos zeichnet der Chronist, selbst Angehöriger der Waffen-SS, die Grauen der letzten Kriegswochen nach. Eine packende Nahaufnahme der Häuserkämpfe und Absetzbewegungen an der Front in Österreich. 200 Seiten, Abb.
ISBN 978-3-944951-08-9
€ 18,90

Jürgen Karl: **Aus eigenem Entschluß – Die Ritterkreuzträger der Waffen-SS**

Rund 400 Männer der Waffen-SS wurden mit dem Ritterkreuz beliehen. Ihre Auszeichnung erhielten sie für militärisch bedeutsame Taten, die nicht befohlen werden konnten, sondern sich im Verlauf eines Gefechtes situativ entwickelten – eben aus eigenem Entschluß. In über 10 Jahren intensiver Recherche und unter Auswertung von Originalquellen, wie den Offiziers- und Mannschaftsakten der Waffen-SS, ist ein unübertroffen genaues und vollständiges Werk entstanden. Zugleich bettet der Autor die Leistungen, die zur Verleihung führten, zusammenhängend in die militärischen Geschehnisse der jeweiligen Einheit ein. So läßt sich vom Leser zugleich die Chronologie der Kampfeinsätze der jeweiligen SS-Division nachvollziehen. Die umfassende und erstklassige Bebilderung der Biografien durch seltene Porträts in hoher Qualität ergänzt die präzise und gesamthafte Darstellung der Lebensläufe und Verleihungsbegründungen. Jeder Band 728 Seiten, 490 Abb., hochwertig gebunden in Fadenheftung, Großformat.

Band 1 (1.-4. Div.) ISBN 978-3-944951-05-8 € 89,-
Band 2 (ab 5. Div.) ISBN 978-3-944951-06-5 € 89,-

Felix Steiner
Die Armee der Geächteten
Der Autor, selbst führend an Aufbau und Einsatz der Waffen-SS beteiligt, zeichnet die wehrgeschichtliche Entwicklung der im Krieg ebenso bewunderten wie gefürchteten Truppe nach und bringt beeindruckende Beispiele aus Erziehung und Kampfgeschehen der 38 Divisionen.
352 Seiten, viele Abbildungen.
ISBN 978-3-944951-01-0
€ 19,90

Wade Krawczyk/Bart Jansen
Deutsche Gebirgsjäger Uniformen und Ausrüstung 1939-1945. - Dieser Bildband versammelt hunderte Fotos originaler Kriegsuniformen, Ausrüstungsgegenstände, Orden und Abzeichen mit sachkundigen Erläuterungen. Militärische Biografien einzelner Soldaten werden dargestellt. 128 Seiten, viele Fotos, Großformat.
ISBN 978-3-944951-14-0
€ 29,80

Hans-Ulrich Rudel
Mein Kriegstagebuch
Rudel war der bei weitem erfolgreichste Kriegsflieger des 2. Weltkrieges. In diesem Buch hat er seine tollkühnen Erlebnisse niedergeschrieben, wie die Versenkung des russischen Schlachtschiffes Marat oder die abenteuerliche Rettung hinter den russischen Linien abgestürzter Kameraden. 288 Seiten, viele Abb.
ISBN 978-3-944951-21-8
€ 18,90

Bestellen Sie unsere Titel bei Ihrem Buchhändler oder direkt beim Verlag:

ADORIA-Verlag • 04703 Naunhof 6 • Tel.& Fax 0700-33605144

Kontakt@Adoria-Verlag.de • **www.Adoria-Verlag.de**